对外汉语短期强化系列教材

A series of Chinese textbooks for short-term intensive training programs for foreigners

SHORT-TERM LISTENING CHINESE

第二版
2nd Edition

汉语听力速成

基础篇
Elementary

毛悦■主编　赵秀娟　周阅■编著

北京语言大学出版社
BEIJING LANGUAGE AND CULTURE UNIVERSITY PRESS

©2010 北京语言大学出版社，社图号 10331

图书在版编目（CIP）数据

汉语听力速成. 基础篇 / 毛悦主编；赵秀娟，周阅编著. -- 2 版. -- 北京：北京语言大学出版社，2010.12（2024.7重印）
ISBN 978-7-5619-2946-9

Ⅰ. ①汉… Ⅱ. ①毛… ②赵… ③周… Ⅲ. ①汉语－听说教学－对外汉语教学－教材 Ⅳ. ①H195.4

中国版本图书馆 CIP 数据核字(2010)第 246867 号

汉语听力速成·基础篇
HANYU TINGLI SUCHENG·JICHU PIAN

责任编辑：	周婉梅
英文编辑：	侯晓娟
责任印制：	周 燚

出版发行：	北京语言大学出版社
社　　址：	北京市海淀区学院路 15 号，100083
网　　址：	www.blcup.com
电子信箱：	service@blcup.com
电　　话：	编辑部 8610-82303647/3592/3395
	国内发行 8610-82303650/3591/3648
	海外发行 8610-82303365/3080/3668
	北语书店 8610-82303653
	网购咨询 8610-82303908
印　　刷：	北京鑫丰华彩印有限公司

版　次：	2010 年 12 月第 2 版	印　次：	2024 年 7 月第 10 次印刷
开　本：	787 毫米×1092 毫米 1/16	印　张：	18
字　数：	309 千字		
定　价：	55.00 元		

PRINTED IN CHINA

凡有印装质量问题，本社负责调换。售后QQ号1367565611，电话010-82303590

修订说明

《汉语听力速成》系列教材自2002年出版以来，得到了海内外学习者和教师的普遍欢迎。随着时间的推移，教材中有些内容已落后于中国当前的现实生活，影响了教材的使用。此次修订，我们对教材中的一些练习和注释作了细节上的修订，还更换了过时的内容，以使教材内容更贴近当前现实。同时，每册都增加了生词表和一定数量的新课。在使用过程中我们得到反馈，教师普遍反映教学内容应再多一些，这样教材还可以用于普通进修生的听力教学。因此，我们在《入门篇》里添加了语音专题，通过大量专门的语音练习解决初级学生的语音问题；同时在听录音做练习部分增加了一些任务活动，引导学生在"做中学"；此外，《基础篇》增加了8课；《提高篇》增加了8课；《中级篇》增加了4课；《高级篇》增加了4课。在原有基础上又增加了租房、工作、交友、解决矛盾等与生活相关的实用性话题，以及文化习俗、气候与环境、科技、法律、旅游等热门话题。我们试图为学习者提供丰富的汉语听力资料，让学习者通过听力训练提高汉语交际能力，能使用汉语进行生活和工作，同时也通过听力资料了解中国的传统文化和当代中国，了解中国人的思维方式和思想观念。

编者
2010年12月

前　言

听力教学是专门为提高学生听力水平所进行的教学活动，它通过各种有意识的教学手段来帮助学生听懂所给的材料，培养和提高学生听的能力，从而达到沟通交流的教学目的，绝非只是重复地播放课文录音。短期教材由于教学对象的需求，要求充分考虑到教材的实用性和时效性，要优选与学生的日常生活、学习、交际等方面的活动有直接联系的话题、功能和语言要素进行教学，并且要尽量使学生在每一个单位教学时间里都能及时地看到自己的学习效果。与一般教材相比，本套听力教材输入量大，进度快，练习充分。我们试图吸收任务教学法的一些经验，每课设置一个主要话题，根据话题选择听力材料，包括不同的任务类型，要求学生掌握与本课话题相关的生词、语言点、重要结构、表达方式，并能运用这些经验成分听懂语言材料，实现交际目的，以使学生每次课都有每次课的收获，每个短暂的教学周期结束后都能达到预期的教学目标。

一、教材体例

《汉语听力速成》是以短期来华留学生为主要教学对象的听力系列教材，包括《入门篇》《基础篇》《提高篇》《中级篇》《高级篇》五个等级，每个等级分"课本"和"录音文本及练习答案"两大部分。

● 《入门篇》

适合零起点和掌握了200个左右汉语词的学习者使用。共15课，涉及日常生活、学习和社交等交际活动，包括问候、数字、时间、购物、交通、饮食、爱好、方位、住宿、生活服务、健康医疗、天气、服装、人物描写、留言核实以及计划和安排等交际项目。每课课文都包括单句听解、一问一答对话听解、对话听解和短文听解四个部分。听解内容由短到长，由浅入深，逐步深入，特别适合初级学习者。同时课文内容随着交际任务的深入，呈阶梯状增加难度，很好地适应了学生逐步提高汉语听力水平的需要。

● **《基础篇》**

适合具有初步听说能力、熟练掌握汉语简单句型和800个左右汉语词的学习者使用。共20课，涉及日常生活、学习、社交等交际活动，包括买东西、去餐厅吃饭、问路、看病、租房、交友、订计划、解决矛盾、美容、工作等。书中对这些交际活动中涉及的简单交际任务项目进行了处理。课文以对话体为主。主要目的是让学生听懂生活中的日常谈话，能够很快地参加交际活动。

● **《提高篇》**

适合具有基本的听说能力，熟练掌握汉语一般句式和主要复句、特殊句式及1500个汉语词的学习者使用。共20课，涉及生活、学习、社交、工作等交际活动的一般性交际项目，如交通状况、体育运动、参观旅行、职业与工作、自然与环境、网络、风俗与禁忌、科学与迷信、影视娱乐、经典人物、现代生活等。课文在对话体的基础上加入了一些短文。《提高篇》训练学生在听懂对话体语段的基础上，听懂叙述独白体语段的能力。

● **《中级篇》**

适合具有一般的听说能力，掌握2500个以上汉语词以及一般性汉语语法内容的学习者使用。共16课，涉及生活、学习、工作、社会文化等内容较复杂的交际项目，如婚姻、教育、法律、农业、工业、电脑、交通、气候、奥运等话题。每课分短文和话题讨论两部分，目的是训练学生听懂长段文章的能力。选取短文时注意短文结构的典型性和规范性。话题讨论部分从广播电视的访谈节目中寻找素材，加以改写，分成两部分：一是对话题的讨论，包括叙述、描写、提问、回答等方式的应用；另一部分为评论式的谈话，大多为较完整的语段，使学生了解对话的方式与独自表述的结构特点，以便听懂涉及高级交际任务项目的内容。

● **《高级篇》**

适合具有较好的听说能力，掌握3500个以上汉语词，能够基本上流利而得体地用汉语进行交流的具有较高汉语水平的学习者使用。共16课，涉及社会文化、新闻广播、专业工作等内容复杂的交际项目，如中外关系、体育世界、电脑空间、经济与社会、百姓生活、中医与健康、文学与艺术、教育与择业、人物与组织、环境与自然、自然与人类、人口与地球、法律、旅游地理、非物质文化遗产、科学与宇宙等。《高级篇》训练学生听懂广播电视节目及新闻的能力。听力材料大量选用实况讲话和讲座。每课分精听和泛听两部分，从不同侧面与该课话题相关，语体正式。

二、教材使用建议

《汉语听力速成》共分五个等级，每册分生词、格式与范句、热身练习、听课文做练习等几部分，有的分册还设有综合练习和泛听练习。

- **格式与范句**：要求学生课前准备，课后掌握。编写此部分的目的是让学生在听完一课以后学习到一些有关本课的重要生词和格式、句型，使这套听力教材不仅仅是口语课的复习，而且能够相对独立地使用。

- **热身练习**：一般分词汇练习和语句练习两部分。练习量较大，包括词语搭配、同音词或同义词的辨析、重点句型的操练等形式，由教师上课时选择处理。目的是在正式听课文前使学生熟练掌握生词及重点句式和结构，为正式听课文扫清障碍。

- **听课文做练习**：《入门篇》《基础篇》《提高篇》重视练习方式的多样性，考虑到课文难度不太大，我们设计练习时注意避免同一种练习形式在一课内多次出现，以减少学生的厌倦情绪，提高课堂教学的效率，增加同一教学任务教学内容的容量。《中级篇》《高级篇》注重听较长语段的能力的培养，设计了一些训练学生听重点词、填写课文内容、改错等形式的练习，使学生在听录音的同时养成注意分析说话人语义重点、语段表达的结构以及句与句之间的连接方式等习惯，这对提高他们的口语表达能力也有很大帮助。

- **综合练习和泛听练习**：教师可以在课上有区别地处理全部内容，也可以把泛听部分留做学生的课后作业。

《汉语听力速成》系列教材适合各种短期班教学使用，同时也可以作为一般进修教学的听力技能课教材或自学教材使用。这套教材可以与《汉语口语速成》《汉语阅读速成》（均为北京语言大学出版社出版）配套使用，它们在难易程度上和话题选择上具有一致性。《汉语听力速成》的《入门篇》《基础篇》

《提高篇》《中级篇》和《高级篇》可以分别配合《汉语口语速成》的《入门篇》《基础篇》《提高篇》《中级篇》和《高级篇》使用。同时，由于这套教材的编写有其相对独立性，也可以与其他分等级的系列教材搭配使用。

本套教材为教师组合处理教材留有很大余地。本次修订各册均增加了教学内容，丰富了话题范围，使教材可同时适用于半年以上的进修教学。用于教学周期较长的班级（教学时间在 8 周以上）时，教师可细化处理课文的每一环节，4-6 课时学习一课；用于教学周期较短的班级（8 周以下）时，教师可从每课中抽取所需部分，将泛听部分留做课后作业，2 课时学习一课，加快教学进度。自学者可以按照教材提供的线索，先学生词，再通过热身练习扫清障碍，再听课文，学习有关话题的基本知识，做综合练习掌握本课的语法点、语段结构与表述方式。

每册附有"录音文本及练习答案"，但要求学生上课前不要看。为了便于使用，"录音文本及练习答案"与"课本"合订为一册，从后往前装订。

编者

目录 Contents

第 一 课　买东西　*(1)*
Lesson 1　Going Shopping

第 二 课　看病　*(8)*
Lesson 2　Seeing a Doctor

第 三 课　去餐厅吃饭　*(16)*
Lesson 3　Eating in a Restaurant

第 四 课　问路　*(24)*
Lesson 4　Asking the Way

第 五 课　寄东西　*(32)*
Lesson 5　At the Post Office

第 六 课　旅游　*(39)*
Lesson 6　Traveling

第 七 课　修理　*(47)*
Lesson 7　Repairing

第 八 课　休闲娱乐　*(54)*
Lesson 8　Leisure and Entertainment

第 九 课　谈学习　*(60)*
Lesson 9　Talking about Studies

第 十 课　家庭　*(67)*
Lesson 10　Family

第十一课　北京见闻　*(74)*
Lesson 11　Experiences in Beijing

第十二课　社会问题　*(80)*
Lesson 12　Social Problems

第十三课　天气　季节　*(88)*
Lesson 13　Weather and Season

第十四课　谈计划　*(97)*
Lesson 14　Talking about Plans

第十五课　工作　职业　*(105)*
Lesson 15　Jobs and Occupations

第十六课　交友　*(113)*
Lesson 16　Making Friends

第十七课　看房　租房　*(121)*
Lesson 17　Looking for and Renting an Apartment

第十八课　美容　美体　*(130)*
Lesson 18　Getting Beauty Treatments

第十九课　解决矛盾　*(138)*
Lesson 19　Resolving Conflicts

第二十课　文化习俗　*(145)*
Lesson 20　Culture and Custom

生词表　*(152)*
Vocabulary

第一课

买东西
Going Shopping

一、生词 New words 🔊 38"

1.	草莓	cǎoméi	(名)	strawberry
2.	甜	tián	(形)	sweet
3.	春卷	chūnjuǎn(r)	(名)	spring roll (a thin sheet of dough, rolled, stuffed and fried)
4.	棒棒糖	bàngbangtáng	(名)	lollipop
5.	矿泉水	kuàngquánshuǐ	(名)	mineral water
6.	T恤衫	T xù shān		T-shirt
7.	款式	kuǎnshì	(名)	style; design
8.	深	shēn	(形)	deep
9.	灰色	huīsè	(名)	grey
10.	浅	qiǎn	(形)	(of color) light
11.	打折	dǎ//zhé	(动)	sell at a discount
12.	收银台	shōuyíntái	(名)	cashier's
13.	丰富	fēngfù	(形)	abundant; rich
14.	价格	jiàgé	(名)	price
15.	齐	qí	(形)	ready
16.	排队	pái//duì	(动)	line up; stand in a line
17.	新鲜	xīnxiān	(形)	fresh
18.	日期	rìqī	(名)	date
19.	保质期	bǎozhìqī	(名)	shelf life
20.	讨价还价	tǎo jià huán jià		bargain

二、格式与范句　Patterns and examples

1 一点儿(也)不／没……　　not...in the least

这个格式表示完全否定。

This structure is used to indicate the complete negation.

① 这草莓一点儿也不酸。

② 这西瓜一点儿也不贵。

③ 他一点儿肉也不吃。

④ 他去商店了，可一点儿东西也没买。

2 不是……吗？

这是一种用否定形式发问的反问句，用来强调肯定。

This is a rhetorical question to indicate a negative assertion. Its stress is on a positive view or fact.

① 你不是也爱吃棒棒糖吗？

② 你不是会说汉语吗？

③ 今天不是你的生日吗？

3 A 比 B＋形容词　　A 没有 B＋形容词

用"比"表示比较的句子，一般格式是"A 比 B＋形容词"。如果要表示具体的差别，还可以在表示差别的词语后加"一点儿""一些""多了""得多"等。在表示差别的词语前不能用"很""非常""极"等程度副词，但可以用"还"或"更"。表示否定时一般使用"不比""不如"或"没有"。

比 is often used in the comparative sentences, with the structure A 比 B+ adj. (in dicating the difference). If you want to express the specific difference, phrases such as 一点儿, 一些, 多了 or 得多 often go after the words that indicate the difference. Adverbs such as 很, 非常 and 极 are never used in front of the words that indicate the difference, except 还 or 更. In the negative form, we use 不比／不如 or 没有.

① 她男朋友比她高。
② 她男朋友比她高得多。
③ 她男朋友比她高20公分。
④ 姐姐没有妹妹高。

三、热身练习　Warm-up exercises

1. 朗读词语。Read aloud the following words and expressions. ▶ 1'36"

(1) 多大啊　　　(2) 可甜了　　　(3) 吃不了
　　多好啊　　　　　可漂亮了　　　　喝不了
　　多新鲜啊　　　　可贵了　　　　　用不了
　　多便宜啊　　　　可远了

(4) 小号的　　　(5) 别的样子　　(6) 大一点儿的
　　中号的　　　　　别的款式　　　　肥一点儿的
　　大号的　　　　　别的颜色　　　　瘦一点儿的
　　加大号的　　　　别的味儿　　　　便宜一点儿的

2. 用本课生词回答问题。Answer the questions using the new words in this lesson.
　(1) 夏天你喜欢吃什么水果？
　(2) 你爱吃什么味儿的水果？
　(3) 夏天穿什么颜色的衣服好？
　(4) 你喜欢什么颜色？
　(5) 什么时候去商店买东西可能便宜一些呢？
　(6) 在大商店买东西在哪儿付钱？
　(7) 衣服的样子也叫什么？

3. 听句子，写出刚学过的生词。Listen and write down the new word in each sentence. ▶ 3'
　(1)　　　　　　　　(2)
　(3)　　　　　　　　(4)

(5)   (6)

4. 听后用"一点儿也不 / 没……"复述对话。 ▶ 4'18"

Listen and retell the dialogues with "一点儿也不 / 没……".

① A：这衣服一百块钱一件，多便宜啊！买一件吧。
   B：_____。

② A：你尝尝，这桃子多甜啊！
   B：_____。

③ A：你妈妈会说汉语吗？
   B：_____。

④ A：现在刚十点半，你怎么就饿了？
   B：_____。

5. 根据提示，听后复述你听到的句子。 ▶ 5'7"

Listen and retell the sentences you heard according to the following cues.

（1）（我知道）他是日本人。

（2）（我知道）你不吃肉。

（3）（我知道）他会说汉语。

（4）（我知道）你没去过长城。

6. 听后用比较句式"A 比 B + 形容词"和"A 没有 B + 形容词"改说句子。 ▶ 5'42"

Listen and retell the sentences using the patterns "A 比 B+adj." and "A 没有 B+adj.".

（1）   （2）

（3）   （4）

买东西
Going Shopping 1

四、听课文做练习　Exercises based on the texts

课文一　Text 1

1. 听第一遍后选择正确答案。Listen and choose the correct answers.

① A. 大的贵　　　B. 小的贵　　　C. 一样贵

② A. 送人　　　　B. 自己吃

③ A. 可以　　　　B. 不可以

④ A. 一块六　　　B. 四块八　　　C. 四块五

2. 听第二遍后回答问题。Listen again and answer the questions.
（1）小点儿的草莓商贩（shāngfàn, pedlar）要多少钱一斤？
（2）商贩告诉玛丽草莓是什么味儿的了吗？
（3）玛丽还要桃子吗？为什么？

课文二　Text 2

1. 听第一遍后选择正确答案。Listen and choose the correct answers.

① A. 吃了　　　　B. 没吃

② A. 面包　　　　B. 春卷

③ A. 吃过　　　　B. 没吃过

④ A. 一块钱一个　B. 两块钱一个

⑤ A. 一个　　　　B. 两个

5

2. 听第二遍后回答问题。 Listen again and answer the questions.

(1) 春卷里面是什么?

(2) 玛丽要买什么?

(3) 玛丽为什么买五个棒棒糖?

课文三　Text 3

1. 听第一遍后判断对错。 Listen and decide whether the statements are true or false.

(1) 玛丽要给妹妹买一件T恤衫。　　　　　　　　　　　　(　)

(2) 玛丽的妹妹没有玛丽高。　　　　　　　　　　　　　　(　)

(3) 玛丽比妹妹瘦一点儿。　　　　　　　　　　　　　　　(　)

(4) 玛丽要买大号的。　　　　　　　　　　　　　　　　　(　)

(5) 这种T恤衫,商店里没有白色和黄色的。　　　　　　　(　)

2. 听第二遍后回答问题。 Listen again and answer the questions.

(1) 玛丽喜欢什么颜色的T恤衫?

(2) 玛丽买了一件什么颜色的T恤衫?

(3) 玛丽买这件T恤衫花了多少钱?

五、综合练习　Comprehensive exercises

1. 模仿例子说句子。 Make sentences following the examples.

① 例:听到一个词"草莓",请说出:这草莓多少钱一斤?　12'49"

For example: After you hear the word 草莓, please say 这草莓多少钱一斤?

(1)

(2)

(3)

买东西 **1**
Going Shopping

(4)

(5)

2 例：听到一个词"便宜"，请说出：有没有便宜一点儿的？ ▶ 13'19"
After you hear the word 便宜, please say 有没有便宜一点儿的？

(1)

(2)

(3)

(4)

(5)

2. 听后判断哪些是买东西的人说的话。 ▶ 13'46"

Listen and decide which are the sentences spoken by the customer.

① (　　)　　　　　② (　　)

③ (　　)　　　　　④ (　　)

⑤ (　　)　　　　　⑥ (　　)

⑦ (　　)　　　　　⑧ (　　)

六、泛听练习　Extensive listening ▶ 15'

听后回答问题。Listen and answer the questions.

（1）为什么很多人喜欢去超市买东西？

（2）大商店里的东西一般怎么样？

（3）在大超市里买食品时应该注意些什么？

7

第二课

看 病
Seeing a Doctor

一、生词 New words 5"

1.	平时	píngshí	（名）	at ordinary times; in normal times
2.	醒	xǐng	（动）	wake
3.	请假	qǐng//jià	（动）	ask for leave
4.	遇见	yùjiàn	（动）	meet; come across
5.	拉肚子	lā dùzi		have loose bowels
6.	油腻	yóunì	（形）	greasy; oily
7.	挂（号）	guà (hào)	（动）	register (at a hospital, etc.)
8.	内科	nèikē	（名）	(department of) internal medicine
9.	通	tōng	（形）	open; through
10.	咳嗽	késou	（动）	cough
11.	嗓子	sǎngzi	（名）	throat
12.	厉害	lìhai	（形）	terrible
13.	发炎	fāyán	（动）	inflame
14.	发烧	fā//shāo	（动）	have a fever
15.	打针	dǎ//zhēn	（动）	give or take an injection
16.	要紧	yàojǐn	（形）	important; serious
17.	化验	huàyàn	（动）	test
18.	大便	dàbiàn	（名）	stool; human excrement
19.	急性	jíxìng	（形）	acute
20.	肠炎	chángyán	（名）	enteritis
21.	消炎	xiāoyán	（动）	diminish inflammation
22.	生	shēng	（形）	uncooked

看病
Seeing a Doctor

23.	失眠	shī//mián	（动）	suffer from insomnia
24.	数	shǔ	（动）	count
25.	拳击	quánjī	（名）	boxing; glove-fight
26.	吝啬鬼	lìnsè guǐ		miser; niggard; skinflint
27.	治	zhì	（动）	cure
28.	欠	qiàn	（动）	owe

二、格式与范句　Patterns and examples

1 还没……呢　has not...yet

用来强调事情没有发生或没有做完。

It is used to emphasize that something has not happened or an action has not ended.

① 先别开车，大卫还没来呢。

② 别让小王去了，他的病还没好呢。

③ 等等我，我还没穿好衣服呢。

④ 还没到秋天，树叶还没红呢。

2 ……就行了

"行"表示"可以"。

行 means "all right", "O.K.".

① 不用打针了，吃药就行了。

② 不用吃药，好好休息两天就行了。

③ 这个练习写在书上就行了。

三、热身练习　Warm-up exercises

1. 朗读词语。Read aloud the following words and expressions. ▶ 1'22"

(1) 睡好觉了
　　没睡好觉
　　睡着了
　　没睡着

(2) 请假
　　向老师请个假
　　向经理请假
　　跟老师请假
　　请了三天假

(3) 往前走
　　往回走
　　往上看
　　往日本寄

(4) 疼得厉害
　　咳嗽得（很）厉害
　　烧得很厉害
　　他的感冒很厉害

2. 用本课生词回答问题。Answer the questions using the new words in this lesson.

(1) 头痛的话，去医院要挂哪个科？
(2) 你有事不能上课，应该做什么？
(3) 他的眼睛很红，可能怎么了？
(4) 在医院，到医生那儿看病以前得先做什么？
(5) 你感冒很严重，医生会给你——
(6) 晚上睡不着叫什么？
(7) 他的体温三十八度，他怎么了？
(8) 感冒的时候，可能头疼和——
(9) 有的人不习惯吃中国菜，为什么？

3. 听写拼音。Listen and write down the syllables. ▶ 2'35"

(1) _____　　(2) _____
(3) _____　　(4) _____
(5) _____　　(6) _____

看 病
Seeing a Doctor 2

4. 听句子，写出刚学过的生词。Listen and write down the new words. ▶ 3'45"

(1) _____   (2) _____
(3) _____   (4) _____
(5) _____   (6) _____
(7) _____   (8) _____

5. 听后用"还没……呢"复述对话。▶ 5'8"

Listen and retell the dialogues with 还没……呢.

① A：下课了吗？
　　B：_____。

② A：你吃午饭了吗？
　　B：_____。

③ A：你们学第三课了吗？
　　B：_____。

④ A：你去圆明园了吗？
　　B：_____。

⑤ A：大卫七点半就到了银行门口，可他没能换成钱，为什么？
　　B：_____。

6. 听后用"……就行了"复述对话。▶ 5'55"

Listen and retell the dialogues with ……就行了.

① A：请三个朋友来吃饭要买几瓶啤酒？
　　B：_____。

② A：大夫，我的病要不要住院？
　　B：_____。

③ A：老师，明天去参观故宫，我们需要带什么？
　　B：_____。

11

4　A：老师，每个生词写几遍？

　　B：_____。

5　A：你这么累，就别去上课了。

　　B：_____。

四、听课文做练习　Exercises based on the texts

课文一　Text 1

1. 听第一遍后回答问题。Listen and answer the questions.

　(1)　大卫平时几点起床？

　(2)　为什么大卫觉得不舒服，还有点儿头疼？

　(3)　大卫觉得自己的病要紧吗？

　(4)　大卫去上课了吗？

2. 听第二遍后填空。Listen again and fill in the blanks.

　(1)　大卫平时六点多就_____了。

　(2)　大卫觉得_____，还有点儿_____。

　(3)　大卫昨天晚上一点_____睡。

　(4)　大卫请彼得帮他_____。

课文二　Text 2

1. 听第一遍后判断对错。Listen and decide whether the statements are true or false.

　(1)　大卫没睡好觉是因为想家了。　　　　　　　　　　　(　　)

　(2)　大卫昨天夜里去了十趟厕所。　　　　　　　　　　　(　　)

　(3)　大卫昨天夜里开始拉肚子。　　　　　　　　　　　　(　　)

(4) 大卫平时吃西餐。　　　　　　　　　　　　　　（　）
　　(5) 玛丽陪大卫一起去医院了。　　　　　　　　　　（　）

2. 听第二遍后回答问题。Listen again and answer the questions.
　　(1) 玛丽在宿舍门口遇见谁了?
　　(2) 今天大卫为什么没去上课?
　　(3) 大卫拉肚子的原因可能是什么?
　　(4) 大卫要去哪儿?

课文三　Text 3

1. 听第一遍后回答问题。Listen and answer the questions.
　　(1) 小王去内科应该怎么走?
　　(2) 小王哪儿不舒服?
　　(3) 小王的病需要打针吗?
　　(4) 大夫给小王开了什么药?

2. 听第二遍后填空。Listen again and fill in the blanks.
　　(1) 小王的嗓子疼得很_____。
　　(2) 他的嗓子很红，_____了。
　　(3) 小王量了量体温，三十七度八，有点儿_____。
　　(4) 小王的病是_____。

课文四　Text 4

1. 听第一遍后回答问题。Listen and answer the questions.
　　(1) 病人怎么了?
　　(2) 病人拉肚子拉了几次?

(3) 病人得的是什么病？

(4) 病人在饮食上要注意些什么？

2. **听第二遍后判断对错。**

   Listen again and decide whether the statements are true or false.

   (1) 病人的肚子不疼。( )

   (2) 大夫问了问病人的情况，就知道病人得了急性肠炎。( )

   (3) 大夫给病人开了点儿消炎药。( )

   (4) 大夫告诉病人在药房取药。( )

五、综合练习　Comprehensive exercises

1. **听后判断哪些是病人说的话。** ▶ 12'8"

   Listen and decide which are the sentences spoken by the patient.

   ① (　)　　　② (　)

   ③ (　)　　　④ (　)

   ⑤ (　)

2. **连线，组成句子。** Match the phrases in the two columns to make sentences.

• 大卫感冒了，	• 应该挂内科。
• 小王拉肚子了，	• 应该向老师请假。
• 大卫头疼，	• 鼻子不通，还有些咳嗽。
• 吃完油腻的菜马上喝凉水，	• 容易闹肚子。
• 如果不能来上课，	• 肚子疼得很厉害。

六、泛听练习　Extensive listening

泛听一　Extensive listening 1　▶ 12'58"

听后回答问题。Listen and answer the questions.
(1) 大夫告诉病人治疗失眠的好方法是什么？
(2) 这个方法对这个病人会有用吗？为什么？

泛听二　Extensive listening 2　▶ 13'35"

听后回答问题。Listen and answer the questions.
(1) 医生治好吝啬鬼妻子的病了吗？
(2) 医生拿到治病的钱了吗？

第三课

去餐厅吃饭
Eating in a Restaurant

一、生词 New words 5"

1.	酒吧	jiǔbā	(名)	bar
2.	国产	guóchǎn	(形)	made in one's country
3.	进口	jìnkǒu	(动)	import
4.	牌儿	páir	(名)	brand
5.	瓶装	píngzhuāng	(形)	bottled
6.	听装	tīngzhuāng	(形)	tinned; canned
7.	鸡尾酒	jīwěijiǔ	(名)	cocktail
8.	稍	shāo	(副)	a bit; a little
9.	发	fā	(动)	grant; distribute
10.	工资	gōngzī	(名)	pay; salary
11.	清淡	qīngdàn	(形)	light; not greasy
12.	腻	nì	(形)	bored (with)
13.	内行	nèiháng	(名)	expert; dab hand; connoisseur
14.	堵车	dǔ∥chē	(动)	traffic jam
15.	误会	wùhuì	(动)	misunderstand
16.	简称	jiǎnchēng	(名)	abbreviation
17.	葱	cōng	(名)	green onion
18.	拌	bàn	(动)	mix
19.	海鲜	hǎixiān	(名)	seafood
20.	虾	xiā	(名)	shrimp
21.	保证	bǎozhèng	(动)	guarantee
22.	家常菜	jiāchángcài	(名)	home cooking

23.	大众	dàzhòng	(形)	popular
24.	推荐	tuījiàn	(动)	recommend
25.	青菜	qīngcài	(名)	(green) vegetable
26.	西蓝花	xīlánhuā	(名)	broccoli
27.	主食	zhǔshí	(名)	staple food
28.	炸	zhá	(动)	deep-fry
29.	风味	fēngwèi	(名)	flavor

二、格式与范句　Patterns and examples

1　正……呢

表示动作正在进行。

The structure indicates an action is going on.

① 我正忙着呢。

② 我正上课呢。

③ 我正想找个人一起打球呢。

④ 他正打算去长城呢。

2　还是……吧

副词"还是"可以表示通过比较而有所选择。

The adverb 还是 indicates the choice after the comparison.

① 今天我很忙，而且星期天人太多，还是星期三去吧。

② 坐出租车太贵，坐公共汽车太挤，还是骑自行车去吧。

③ A：小王怎么还不来?我们走吧。

　　B：还是等他一会儿吧。

④ A：我们去吃四川菜，怎么样?

　　B：四川菜太辣，还是吃广东菜吧。

三、热身练习　Warm-up exercises

1. 朗读词语。Read aloud the following words and expressions. ▶ 1'20"

(1) 气氛　　　　　　(2) 玩儿得痛快　　　(3) 发
　　气氛很好　　　　　　睡得痛快　　　　　　发工资
　　气氛紧张　　　　　　痛痛快快地喝　　　　发钱
　　轻松的气氛　　　　　痛痛快快地吃　　　　发书
　　热烈的气氛　　　　　　　　　　　　　　　发奖

(4) 吃腻了　　　　　(5) 误会　　　　　　(6) 拌
　　玩儿腻了　　　　　　发生误会　　　　　　拌黄瓜
　　看腻了　　　　　　　别误会　　　　　　　小葱拌豆腐
　　喝腻了　　　　　　　你误会了　　　　　　糖拌西红柿

(7) 保证
　　保证好
　　保证满意
　　他保证来
　　我向你保证

2. 用本课生词回答问题。Answer the questions using the new words in this lesson.

(1) 他不要啤酒、白酒，也不要葡萄酒。
　　问：他要什么酒？
(2) 对不起，我来晚了。现在是下班时间，路上车太多。
　　问：现在路上情况怎么样？
(3) 哈哈，有钱啦！今天我请客！
　　问：他为什么请客？
(4) 他不喜欢吃太咸的，也不喜欢吃太油的。
　　问：他喜欢吃什么样的菜？
(5) 每天都吃包子，他都不想再吃了。
　　问：他为什么不想再吃包子了？

(6) 买又便宜又好的？好吧，就叫他陪你一起去。
    问：为什么要他陪着去？

3. 听句子，回答问题。Listen and answer the questions. ▶ 3'14"
   (1) 大卫在哪儿看见了小王？
   (2) 小王的手表是不是本国生产的？
   (3) 日本生产的电视有什么牌儿的？
   (4) 她为什么来晚了？
   (5) 这顿饭贵不贵？为什么？
   (6) 她为什么觉得做饭特别麻烦？
   (7) 她为什么常去那个食堂？

4. 听后用"正……呢"复述对话。Listen and retell the dialogues with 正……呢. ▶ 4'30"

   ① A：我来了。
      B：_____。

   ② A：给你一杯茶。
      B：_____。

   ③ A：我送你一本词典。
      B：_____。

   ④ A：喂，我是小王。
      B：_____。

5. 听后用"还是……吧"复述对话。▶ 5'8"
   Listen and retell the dialogues with 还是……吧.

   ① A：你想去城里逛逛吗？
      B：_____。

   ② A：你喝咖啡还是矿泉水？
      B：_____。

3　A：这几家饭馆，我们去哪一家？
　　B：_____○

4　A：白的、红的、黑的，这三件毛衣你买哪件？
　　B：_____○

6. 听后复述句子。Listen and retell the sentences. ▶ 6'5"

(1)　　　(2)　　　(3)　　　(4)　　　(5)　　　(6)

四、听课文做练习　Exercises based on the texts

课文一　Text 1　6'50"

1. 听第一遍后判断对错。Listen and decide whether the statements are true or false.

(1) 在酒吧，彼得想喝白酒。　　　　　　　　　　　　　（　）
(2) 这儿有中国产的啤酒，也有进口的。　　　　　　　　（　）
(3) 彼得点了青岛啤酒。　　　　　　　　　　　　　　　（　）
(4) 燕京啤酒有瓶装的，也有听装的。　　　　　　　　　（　）
(5) 玛丽要了一杯鸡尾酒。　　　　　　　　　　　　　　（　）

2. 听第二遍后回答问题。Listen again and answer the questions.

(1) 彼得和玛丽去哪儿了？
(2) 他们要了几种酒？是什么酒？
(3) 他们要的啤酒是中国产的还是进口的？什么牌儿的？
(4) 他们要的啤酒是瓶装的还是听装的？

课文二　Text 2　8'6"

1. 听第一遍后判断对错。Listen and decide whether the statements are true or false.

(1) 大卫今天发工资了。　　　　　　　　　　　　　　　（　）

(2) 大卫经常吃西餐，今天不想吃了。　　　　　　　　　　（　）

(3) 日本料理就是日本菜的意思。　　　　　　　　　　　　（　）

(4) 大卫不爱吃湖南菜。　　　　　　　　　　　　　　　　（　）

(5) "湘"是湖南省的简称。　　　　　　　　　　　　　　（　）

2. 听第二遍后回答问题。Listen again and answer the questions.

(1) 小王今天为什么要请客？

(2) 大卫为什么那么高兴？

(3) "料理"是什么意思？

(4) 大卫为什么不想吃韩国菜？为什么不想吃西餐？

(5) 大卫想吃日本菜吗？为什么？

(6) 他们最后决定吃什么菜？

(7) 他们决定去什么地方吃饭？为什么去那儿？

(8) 小王说的"湘菜馆"中的"湘菜"是什么意思？

课文三　Text 3

1. 听第一遍后判断对错。Listen and decide whether the statements are true or false.

(1) 女的喜欢靠窗户的座位。　　　　　　　　　　　　　　（　）

(2) 鸡丝黄瓜是热菜，小葱拌豆腐是凉菜。　　　　　　　　（　）

(3) 鱼香肉丝是用鱼做的。　　　　　　　　　　　　　　　（　）

(4) 这个饭馆的海鲜有虾，还有鱼。　　　　　　　　　　　（　）

(5) 男的要先上菜，后上饭。　　　　　　　　　　　　　　（　）

2. 听第二遍后回答问题。Listen again and answer the questions.

(1) 女的想坐在哪儿？

(2) 菜单的右边有什么？

(3) 他们要了几个凉菜？

(4) 他们要了什么海鲜？

(5) 他们希望什么时候上米饭？

课文四 Text 4   10'38"

1. 听第一遍后判断对错。Listen and decide whether the statements are true or false.

    (1) 这儿没有饭馆。   (   )

    (2) 女的去饭馆想吃饭，也想休息一下。   (   )

    (3) 女的想点几个大盘的菜。   (   )

    (4) 男的喜欢吃炸小馒头。   (   )

    (5) 这家饭馆没有炒饭和水饺。   (   )

2. 听第二遍后回答问题。Listen again and answer the questions.

    (1) 女的急着找饭馆的主要原因是什么？

    (2) 他们去的是一家什么样的饭馆？

    (3) 男的为什么让服务员推荐几个菜？

    (4) 他们一共要了几个菜？

    (5) 主食要了什么？

五、综合练习 Comprehensive exercises

1. 听后复述句子。Listen and retell the sentences. 12'

    (1)   (2)

    (3)   (4)

    (5)   (6)

    (7)   (8)

    (9)   (10)

    (11)   (12)

3 去餐厅吃饭
Eating in a Restaurant

2. 填出你知道的酒、菜和主食的名称。Fill in the blanks.

酒					
凉菜					
热菜					
主食					

3. 听后判断哪些是顾客说的话。 ▶ 13'44"

Listen and decide which are the sentences spoken by the customer.

① (　　)　　② (　　)
③ (　　)　　④ (　　)
⑤ (　　)

六、泛听练习　Extensive listening

泛听一　Extensive listening 1　▶ 14'38"

听后回答问题。Listen and answer the questions.

(1) 在中国餐厅吃饭，一般什么时候上热菜？

(2) 为什么有的时候菜都快吃完了，还没上米饭？

泛听二　Extensive listening 2　▶ 15'26"

听后回答问题。Listen and answer the questions.

(1) 什么地方的人喜欢吃米饭？

(2) 什么地方的人喜欢吃馒头？

(3) 什么地方的菜有甜味？

泛听三　Extensive listening 3　▶ 16'35"

听后回答问题。Listen and answer the questions.

(1) 中国人在请客方面以前和现在有什么不同？

(2) 中国人请客吃饭，付钱的时候有什么习惯？

第四课

问 路
Asking the Way

一、生词 New words 5"

1.	劳驾	láojià	（动）	excuse me
2.	顺	shùn	（动）	along
3.	拐弯儿	guǎi//wānr	（动）	turn; turn a corner
4.	灯笼	dēnglong	（名）	lantern
5.	斜	xié	（形）	inclined; oblique; slanting
6.	对面	duìmiàn	（名）	opposite
7.	好像	hǎoxiàng	（动）	as if; look like
8.	调头	diào//tóu	（动）	turn back
9.	狮子	shīzi	（名）	lion
10.	海洋馆	hǎiyángguǎn	（名）	aquarium
11.	终点站	zhōngdiǎnzhàn	（名）	terminus
12.	反	fǎn	（形）	opposite; reverse
13.	路口	lùkǒu	（名）	crossing; intersection
14.	电话亭	diànhuàtíng	（名）	telephone box
15.	音像	yīnxiàng	（名）	audiovisual
16.	麦当劳	Màidāngláo	（专名）	McDonald's
17.	初次	chūcì	（名）	first time
18.	糊涂	hútu	（形）	muddled; confused
19.	中心	zhōngxīn	（名）	center
20.	对称	duìchèn	（形）	symmetric
21.	整齐	zhěngqí	（形）	orderly; trim
22.	迷路	mí//lù	（动）	get lost

二、格式与范句　Patterns and examples

1　一……就……　as soon as; once

"一……就……"格式表示前后两个动作或情况在时间上接得很紧。另外一种用法是前一分句表示条件，后一分句表示结果。

The structure 一……就…… indicates that after the first action takes place, the second will follow immediately. The other usage of the structure 一……就…… is that the former clause indicates condition and the latter indicates result.

① 我一到北京就给你打电话。（马上）
② 他一上床就睡着了。（马上）
③ 老师一讲我就明白了。（条件—结果）

2　……是……，可是（不过）……　though

在对话中，当表示同意对方的意见，又补充一些不同意见时，可用这种"……是……，可是（不过）……"的方式表达。

The structure ……是……，可是（不过）…… shows one's agreement with the speaker's opinion in general, but at the same time, some disagreement is also expressed.

① 他说是说了，不过我没听懂。
② 这条路近是近，但是不太好走。
③ 这个菜好吃是好吃，不过太贵了。

3　对……来说　to

"对……来说"表示从某人或某事的角度来看。

The phrase 对……来说 means to view things from somebody or something's perspective.

① 对日本人来说，学汉语听和说比较难。
② 对我来说，骑车比坐车舒服。
③ 对泰国同学来说，北京的冬天太冷了。

4 以……为中心　take...as the centre

① 北京城以故宫为中心。

② 现在以孩子为中心的家庭很多。

③ 现在我的学习以听力为中心。

三、热身练习　Warm-up exercises

1. 朗读词语。Read aloud the following words and expressions. ▶ 1'8"

(1) 顺　　　　　　　(2) 拐　　　　　　　(3) 好像

　　顺着这条路　　　　　拐弯儿　　　　　　　好像见过

　　顺着河　　　　　　　向左拐　　　　　　　好像听说过

　　顺着这个方向　　　　向右拐　　　　　　　好像要下雨

(4) 对面　　　　　　(5) 反　　　　　　　(6) 千万

　　斜对面　　　　　　　坐车坐反了　　　　　千万别忘了

　　马路对面　　　　　　衣服穿反了　　　　　千万别买

　　这个楼对面　　　　　拿反了　　　　　　　千万不能说

　　我家对面　　　　　　反过来　　　　　　　千万要小心

2. 用本课生词回答问题。Answer the questions using the new words in this lesson.

(1) 你坐这辆车到不了颐和园，应该到马路对面去坐。

　　问：为什么坐这辆车到不了颐和园？

(2) 如果你在出租车上发现方向反了，应该怎么办？

(3) 你在路上想给朋友打电话，手机却没电了，可以去哪儿打？

(4) 马路上可以在什么地方拐弯儿？

(5) 他以前没来过北京。

　　问：他是第几次来北京？

(6) 他不知道该往哪儿走了。

　　问：他怎么了？

问 路
Asking the Way   4

3. 听句子，判断对错。Listen and decide whether the statements are true or false. ▶ 2'48"
   (1) 这句话的意思是一直往前走。   （   ）
   (2) 他们要去的饭馆在一家大商场对面。   （   ）
   (3) 从这句话我们可以知道他们现在的方向是反的。   （   ）
   (4) 他应该坐到终点站。   （   ）
   (5) 说话人现在用的是公用电话。   （   ）
   (6) 到第一个十字路口不拐弯儿。   （   ）
   (7) 坐公共汽车到不了那儿。   （   ）
   (8) 大门左边和右边的石狮子大小一样。   （   ）
   (9) 她的家在一个小胡同里。   （   ）

4. 听后按照例句改说句子。Listen and change the sentences following the example. ▶ 5'
   例：食堂的前边是宿舍。—→ 宿舍在食堂前边。
   (1)
   (2)
   (3)
   (4)
   (5)
   (6)

5. 根据提示，听后复述对话。Listen and retell the dialogues according to the cues. ▶ 5'53"
   ① A：昨天晚上你什么时候睡觉的？
     B：_____。（一……就……）

   ② A：那个商店的东西很多。
     B：_____。（……是……，可是……）

   ③ A：这家饭馆的菜很便宜。
     B：_____。（……是……，可是……）

27

4　A：学汉语什么最难？

　　B：_____。（对……来说）

5　A：劳驾，请问在哪儿可以打电话？

　　B：_____。（电话亭）

6　A：我想去海洋馆，请问应该怎么走？

　　B：_____。（顺）

四、听课文做练习　Exercises based on the texts

课文一　Text 1

1. 听第一遍后判断对错。Listen and decide whether the statements are true or false.

（1）这条路的南边有一个篮球场。　　　　　　　　　　　　（　）

（2）一过了篮球场就往右拐。　　　　　　　　　　　　　　（　）

（3）一拐弯儿就到邮局了。　　　　　　　　　　　　　　　（　）

（4）邮局的斜对面有一个餐厅。　　　　　　　　　　　　　（　）

（5）餐厅门口挂着红灯笼。　　　　　　　　　　　　　　　（　）

2. 听第二遍后回答问题。Listen again and answer the questions.

（1）玛丽想去哪儿？

（2）去邮局应该怎么走？

（3）应该在哪儿拐弯儿？往哪边拐？

（4）一拐弯儿就能看见邮局吗？

（5）邮局在餐厅的旁边吗？

（6）餐厅前边挂着什么？

问 路
Asking the Way 4

课文二 Text 2

1. 听第一遍后判断对错。Listen and decide whether the statements are true or false.

(1) 大卫忘了应该在哪儿拐弯儿了。　　　　　　　　　(　)
(2) 他们先往右拐，去找大卫要去的地方。　　　　　　(　)
(3) 他们拐错了方向。　　　　　　　　　　　　　　　(　)
(4) 大卫要去的地方在马路的东边。　　　　　　　　　(　)
(5) 大卫要去的地方门口有两个红色的石狮子。　　　　(　)

2. 听第二遍后回答问题。Listen again and answer the questions.

(1) 这段录音是大卫和谁的谈话？
(2) 他们先往哪儿拐了？
(3) 他们怎么发现拐错了？
(4) 发现拐错了以后，司机是怎么做的？
(5) 大卫要找的地方是什么样的？

课文三 Text 3

1. 听第一遍后选择正确答案。Listen and choose the correct answers.

① A. 西直门　　　B. 动物园　　　C. 海洋馆　　　D. 终点站

② A. 坐 375 路　　　　　　　　　B. 坐 105 路
　 C. 先坐 105 路，再换 375 路　　D. 先坐 375 路，再换 105 路

③ A. 学校门口　　B. 西直门　　　C. 过马路　　　D. 海洋馆

2. 听第二遍后回答问题。Listen again and answer the questions.

(1) 安娜打算去哪儿？
(2) 坐公共汽车能到吗？

(3) 应该先在哪儿坐车？坐几路车？

　　(4) 应该在哪儿换车？换几路车？

　　(5) 换车的时候要过马路吗？为什么？

课文四　Text 4

1. 听第一遍后回答问题。Listen and answer the questions.

　　(1) 彼得要去哪儿？

　　(2) 彼得在哪儿给李玉打的电话？

　　(3) 彼得打电话的电话亭旁边是什么地方？

　　(4) 李玉听了彼得的话以后知道彼得在哪儿了吗？

　　(5) 彼得应该在哪儿拐弯儿？

　　(6) 在那个大的十字路口旁边有一个什么？

　　(7) 拐弯儿以后要走多远？

　　(8) 李玉的家在一座什么样的楼里？

2. 听第二遍后，按照对话画出地图。

　　Listen again and draw a sketch map according to the dialogue.

五、综合练习　Comprehensive exercises

1. 听到一个词语后说出与它意义相反的词语。12'52"

　　Listen to a word or phrase and say its antonym.

　　(1)　　　　　　　　　　(2)

　　(3)　　　　　　　　　　(4)

　　(5)

问　路
Asking the Way　4

2. 听后复述句子。Listen and retell the sentences.  13'22"

(1)　　　　(2)　　　　(3)　　　　(4)

(5)　　　　(6)　　　　(7)　　　　(8)

六、泛听练习　Extensive listening

泛听一　Extensive listening 1 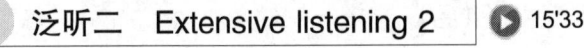 14'28"

听后回答问题。Listen and answer the questions.

(1) 在北京问路时，北京人会怎样回答？

(2) 为什么北京人习惯这样说？

泛听二　Extensive listening 2 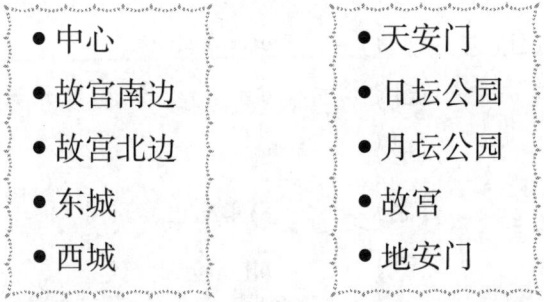 15'33"

1. 听后连线。Match the words in the two columns.

- 中心
- 故宫南边
- 故宫北边
- 东城
- 西城

- 天安门
- 日坛公园
- 月坛公园
- 故宫
- 地安门

2. 回答问题。Answer the question.

北京是个什么样的城市？请举例说明。

第五课

寄东西
At the Post Office

一、生词 New words 5"

1.	保险	bǎoxiǎn	(形)	safe; reliable
2.	挂号信	guàhàoxìn	(名)	registered letter
3.	万一	wànyī	(副)	if by any chance; in case of
4.	查	chá	(动)	check; consult
5.	特快专递	tèkuài zhuāndì		EMS (Express Mail Service)
6.	收据	shōujù	(名)	receipt
7.	贺卡	hèkǎ	(名)	greeting card
8.	贴	tiē	(动)	paste; stick
9.	超重	chāozhòng	(动)	overweigh
10.	称	chēng	(动)	weigh
11.	沉	chén	(形)	heavy
12.	包裹	bāoguǒ	(名)	package; parcel
13.	填	tián	(动)	fill in
14.	单	dān	(名)	form; bill
15.	空运	kōngyùn	(动)	transport by air
16.	海运	hǎiyùn	(动)	transport by ship
17.	纸箱	zhǐxiāng	(名)	cardboard box; carton
18.	包装	bāozhuāng	(动)	pack
19.	联系	liánxì	(动)	contact
20.	电报	diànbào	(名)	telegraph
21.	随身	suíshēn	(副)	personally
22.	手机	shǒujī	(名)	mobile telephone

寄东西
At the Post Office 5

23.	短信	duǎnxìn	（名）	SMS (Short Message Service)
24.	账户	zhànghù	（名）	account
25.	网上银行	wǎngshang yínháng		E-bank
26.	电话银行	diànhuà yínháng		Phone bank

二、格式与范句　Patterns and examples

1 万一　in case

　　副词"万一"表示事情发生的可能性非常小，用于假设的、不希望发生的事。

　　The adverb 万一 indicates that it is very unlikely for something to happen. It is used to describe something hypothetical or unexpected.

　　① 你不带雨衣，万一下雨了怎么办？
　　② 今天我要进城，万一有人来电话，请你帮我记下来。
　　③ 万一买不到那本书，就先用这本吧。

2 又……又……　both...and...

　　用"又……又……"连接几项事物，表示几个动作、状态、情况同时存在。

　　The pattern 又……又…… links several cases, indicating the simultaneous existence of several actions, states or cases.

　　① 他的房间又干净又整齐。
　　② 他说汉语说得又流利又准确。
　　③ 她又要工作又要照顾孩子，非常辛苦。

3 除了……（以外）　except; besides

　　(1) 表示从总体中减去不同的部分以后，其余的部分都相同。后面用"都""全"等呼应。

　　除了 is used to eliminate something specific and then followed by 都 or 全

to emphasize the community of what's left.

(2) 表示对已经知道的情况进行补充，后面用"还""也"等呼应。"以外"可以省去。

除了 is used to eliminate the known and then followed by 还 or 也 to add something to what has been stated. 以外 can be omitted.

① 除了安娜以外，我们都去旅行。
② 除了小王，大家都知道了。
③ 除了长城以外，我还去了故宫。
④ 除了综合课和口语课以外，我们还有听力课。
⑤ 除了聊天儿，看电影也是练习听力的好方法。

三、热身练习 Warm-up exercises

1. 用本课生词回答问题。 Answer the questions using the new words in this lesson.

(1) 怎么寄信比较保险？为什么？
(2) EMS 用汉语怎么说？它有什么好处？
(3) 如果到邮局查信应该带什么？
(4) 一个人到邮局寄信，为什么营业员让他贴九块钱的邮票？
(5) 营业员怎么知道信超重了？
(6) 新年的时候人们常常寄什么？
(7) 寄包裹的时候应该先做什么？
(8) 往国外寄包裹怎么寄比较便宜？
(9) 在邮局寄包裹一般用什么东西包装？

2. 听句子，猜猜下列词语的意思。 ▶ 1'16"
Listen and guess the meanings of the following words.

(1) 平信   (2) 邮费
(3) 电子邮件   (4) 排队
(5) 本市　外地

寄东西
At the Post Office **5**

3. 听句子，判断对错。Listen and decide whether the statements are true or false. ▶ 2'15"

(1) 特快专递比挂号信快。　　　　　　　　　　　　　　（　）

(2) 营业员让我贴了两块四毛钱的邮票。　　　　　　　　（　）

(3) 寄这个包裹一共要花 29 块钱。　　　　　　　　　　（　）

(4) 寄特快专递要三天多才能到。　　　　　　　　　　　（　）

四、听课文做练习　Exercises based on the texts

课文一　Text 1　3'29"

1. 听第一遍后判断对错。Listen and decide whether the statements are true or false.

(1) 安娜在邮局寄包裹。　　　　　　　　　　　　　　　（　）

(2) 安娜要寄一封信到上海。　　　　　　　　　　　　　（　）

(3) 挂号信大概要七天才能到。　　　　　　　　　　　　（　）

(4) 特快专递比挂号信便宜。　　　　　　　　　　　　　（　）

(5) 特快专递不但保险，而且很快。　　　　　　　　　　（　）

2. 听第二遍后回答问题。Listen again and answer the questions.

(1) 安娜在做什么？

(2) 为什么安娜没寄挂号信？

(3) 特快专递几天能到？

(4) 寄特快专递需要留着什么？为什么？

(5) 挂号信和特快专递在什么方面一样？什么方面不一样？

课文二　Text 2　4'32"

1. 听第一遍后选择正确答案。Listen and choose the correct answers. ▶ 5'50"

 A. 8 毛　　　B. 1.2 元　　　C. 6 元　　　D. 十几元

35

② A. 8毛　　　B. 1.2元　　　C. 1.6元　　　D. 6元

③ A. 照片　　　B. 明信片　　　C. 贺卡　　　D. 邮票

④ A. 寄贺卡　　B. 称了以后　　C. 在邮局寄　　D. 超重

2. 听第二遍后判断对错。

Listen again and decide whether the statements are true or false.

(1) 现在快到春节了。　　　　　　　　　　　　　　　　　　　　　(　)

(2) 彼得以前寄的一封信里有照片，超重了，所以贴了十几块钱的邮票。　　　　　　　　　　　　　　　　　　　　　　　　　　　(　)

(3) 给本市的朋友寄信应该贴8毛的邮票。　　　　　　　　　　(　)

(4) 李玉正在给朋友寄贺卡。　　　　　　　　　　　　　　　　(　)

(5) 李玉寄的贺卡有国内的也有国外的。　　　　　　　　　　　(　)

(6) 寄到外地的信比本市的每封贵3毛。　　　　　　　　　　　(　)

(7) 有一封寄到国外的信李玉怕超重，贴了两块四毛钱的邮票。　(　)

课文三　Text 3

听后回答问题。 Listen and answer the questions.

(1) 大卫在哪儿？他在做什么？

(2) 大卫的包裹要寄到哪儿？

(3) 营业员让大卫先做什么？

(4) 包裹单上应该写什么？

(5) 大卫要空运还是海运？

(6) 大卫寄这个包裹一共要多少钱？

(7) 这93块6中，有10块钱是什么钱？还有1块钱是什么钱？

(8) 大卫应该自己包装吗？

(9) 最后营业员给了大卫什么？

寄东西
At the Post Office **5**

五、综合练习　Comprehensive exercises

1. 听后判断哪些是邮局营业员说的话。▶ 8'19"

   Listen and decide which are the sentences spoken by the mail clerk.

   ① (　)　　　　　② (　)
   ③ (　)　　　　　④ (　)
   ⑤ (　)　　　　　⑥ (　)
   ⑦ (　)　　　　　⑧ (　)

2. 听后回答问题。Listen and answer the questions.

   (1) 来中国以后你给朋友寄过信吗？贴了多少钱的邮票？
   (2) 来中国以后你收到过包裹吗？
   (3) 你觉得中国的邮费贵不贵？你们国家的呢？
   (4) 来中国以后你寄过包裹吗？寄到哪儿？
   (5) 在中国寄包裹麻烦吗？
   (6) 你一般怎么跟朋友联系？
   (7) 请介绍一下你们国家的邮政电信情况。

六、泛听练习　Extensive listening

泛听一　Extensive listening 1　▶ 9'39"

1. 听后回答问题。Listen and answer the questions.

   (1) 二十年前，为什么人们互相联系很不方便？
   (2) 二十年前人们之间怎么联系？
   (3) 现在人们一般怎么联系？

2. 复述你听到的内容。Retell what you hear.

泛听二　Extensive listening 2　　10'43"

听后回答问题。 Listen and answer the questions.

(1) 邮局里为什么有这么多人？

(2) 有的人不是来寄包裹的，他们是来做什么的？

(3) 为什么寄钱的人很多？

(4) 在中国怎么寄钱？

第六课

旅 游
Traveling

一、生词 New words

1.	导游	dǎoyóu	(名)	tourist guide
2.	游览	yóulǎn	(动)	visit; excurse
3.	安排	ānpái	(动)	arrange; plan
4.	组	zǔ	(名)	group; brigade
5.	胡同	hútòng	(名)	lane; bystreet
6.	四合院	sìhéyuàn	(名)	quadrangle
7.	郊区	jiāoqū	(名)	suburb
8.	摘	zhāi	(动)	pluck; take off
9.	瓜子儿	guāzǐr	(名)	melon seed
10.	计划	jìhuà	(名)	plan; program; project
11.	景点	jǐngdiǎn	(名)	tourist attraction
12.	露天	lùtiān	(形)	the open air
13.	温泉	wēnquán	(名)	hot spring
14.	高尔夫球	gāo'ěrfūqiú	(名)	golf
15.	蹦极	bèngjí	(名)	bungee jumping
16.	草原	cǎoyuán	(名)	grassland
17.	趁	chèn	(介)	take the advantage of
18.	赶紧	gǎnjǐn	(副)	hastily; without losing time
19.	兜风	dōu//fēng	(动)	go for a ride
20.	难得	nándé	(形)	rare; one in a thousand
21.	反正	fǎnzhèng	(副)	anyway
22.	陪	péi	(动)	accompany

23.	顺便	shùnbiàn	（副）	by the way; in passing
24.	值得	zhíde	（动）	worth; deserve
25.	候车室	hòuchēshì	（名）	waiting room

二、格式与范句　Patterns and examples

1 趁　take advantage of

利用某个机会做某事。

趁 means to take advantage of or take an opportunity to do something.

① 应该趁着年轻，多学一点儿技术。

② 趁天还没黑，快点儿回去吧。

③ 来，趁热吃。

④ 趁晴天赶快把衣服洗了晾干。

2 反正　in any case; anyway

(1) "反正"表示虽然条件不同或发生变化，但是某种情况是一定不变的。前边常有"无论""不管""不论"等词或表示正反两种情况的成分。

反正 means that even if the situation is not the same or has changed, something will not change. Before it, one often puts 无论, 不管 or 不论, or an element expressing affirmative and negative situation.

(2) "反正"表示坚决肯定的语气，用于向别人特别说明某个事实时。

反正 means a resolute affirmation and is used when one explains some fact to other people.

① 不管你怎么说，反正我不同意。

② 你去不去都可以，反正我一定要去。

③ 咱们看电影去吧，反正今天晚上没事。

旅 游
Traveling **6**

三、热身练习　Warm-up exercises

1. 朗读词语。Read aloud the following words and expressions. ▶ 1'15"

(1) 安排　　　　　(2) 露天　　　　　(3) 难得
今天的安排　　　　露天游泳池　　　　难得的天气
没有安排　　　　　露天体育馆　　　　难得的好人
安排好了　　　　　露天市场　　　　　难得的好条件
安排工作　　　　　露天足球场　　　　机会难得

(4) 组　　　　　　(5) 摘　　　　　　(6) 趁
我们小组　　　　　摘水果　　　　　　趁热吃
分组　　　　　　　摘花儿　　　　　　趁早去
分成三组　　　　　自己摘　　　　　　趁他不知道
第一组　　　　　　摘下来　　　　　　趁天气好

(7) 顺便　　　　　(8) 值得
顺便带给你　　　　值得看
顺便去买书　　　　值得买
顺便来看你　　　　值得参观
顺便说一下　　　　不值得

2. 用本课生词回答问题。Answer the questions using the new words in this lesson.

(1) 城市附近的地方怎么说？
(2) 四合院的居民聊天儿的时候常常吃什么？
(3) 不在房间里的足球场可以怎么说？
(4) 像他这么好的人很少见。
　　问：他是个什么样的人？
(5) 天气这么好，咱们开车出去玩儿玩儿吧。
　　问：说话人想做什么？
(6) 如果你到了火车站，离开车还有一个小时，你可以去哪儿？

3. 根据提示，听后复述句子。 Listen and retell the sentences according to the cues. ▶ 3'36"

(1) 来中国以后我最大的愿望是_____。（游览）

(2) 这个周末我_____。（计划）

(3) 饭做好了，_____。（趁）

(4) 我不认识路，你_____。（陪）

(5) 西安有很多名胜古迹，_____。（值得）

(6) 今天我去王府井的时候_____。（顺便）

(7) 不用问他了，_____。（反正）

4. 把意思有关联的词语用线连起来。 Match the correlative words in the two columns.

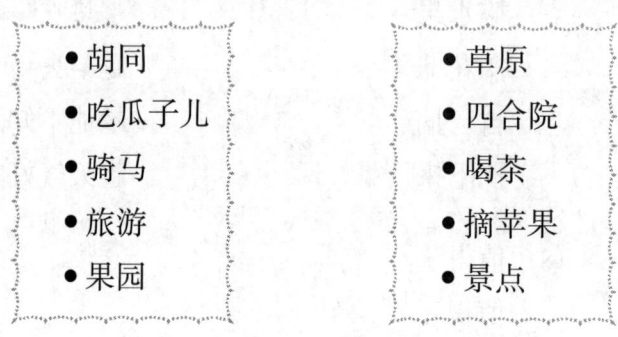

5. 听后回答问题。 Listen and answer the questions. ▶ 4'46"

(1) 说话人为什么觉得可惜？

(2) 说话人为什么还没决定？

(3) 昨天她去哪儿了？

(4) 秋天的时候很多人去哪儿？做什么？

(5) 十渡是一个什么样的地方？在那儿可以做什么？

(6) 她要做什么？为什么？

(7) 说话人请小王做什么？

四、听课文做练习 Exercises based on the texts

课文一 Text 1

1. 听第一遍后判断对错。Listen and decide whether the statements are true or false.

(1) 今天下午没有安排。   (   )
(2) 今天上午大家一起参观市中心。   (   )
(3) 胡同和四合院在郊区。   (   )
(4) 下午的活动分成三组。   (   )
(5) 下午的活动没有导游。   (   )
(6) 中田想看看中国普通人的家。   (   )

2. 听第二遍后回答问题。Listen again and answer the questions.

(1) 中田在跟导游谈什么？
(2) 请你介绍一下今天下午的安排。
(3) 开始的时候中田觉得哪一组比较有意思？
(4) 参观四合院可以做什么？
(5) 中田觉得第三组怎么样？为什么？
(6) 中田最后决定参加哪一组？为什么？

课文二 Text 2

1. 听第一遍后判断对错。Listen and decide whether the statements are true or false.

(1) 爸爸和儿子周末想出去玩儿。   (   )
(2) 今天的报纸上介绍了郊区的旅游景点。   (   )
(3) 儿子想去打高尔夫球，爸爸想去温泉游泳。   (   )
(4) 在市内也有温泉游泳池。   (   )
(5) 儿子觉得蹦极很好玩儿。   (   )
(6) 他们最后决定去十渡。   (   )

2. 听第二遍后回答问题。 Listen again and answer the questions.

(1) 父子俩在做什么？

(2) 今天的报纸上有什么？

(3) 儿子想去游泳的理由是什么？

(4) 爸爸不想去游泳的理由是什么？

(5) 儿子为什么不去打高尔夫球？

(6) 儿子说去十渡可以做什么？

(7) 爸爸同意去十渡了吗？为什么？

(8) 他们最后决定去哪儿？为什么？

课文三 Text 3

1. 听第一遍后选择正确答案。 Listen and choose the correct answers. 10'33"

① A. 阴　　　B. 晴　　　C. 阴转晴　　　D. 刮风

② A. 今天有太阳
   B. 快没有可以换的衣服了
   C. 洗衣服可以活动活动身体
   D. 如果不早点儿洗，衣服明天干不了

③ A. 出去兜风　　　B. 先去买吃的
   C. 打扫房间　　　D. 先一起洗衣服

④ A. 骑车兜风　　　B. 逛商店
   C. 洗衣服　　　　D. 陪妻子买东西

2. 听第二遍后回答问题。 Listen again and answer the questions.

(1) 丈夫为什么想出去玩儿？

(2) 昨天天气怎么样？

(3) 下了多长时间的雨？

(4) 妻子想做什么？

(5) 妻子一定要先洗衣服的理由是什么？

(6) 丈夫为什么不愿意陪妻子去买东西？

五、综合练习　Comprehensive exercises

1. 听后复述句子。Listen and retell the sentences. ▶ 11'51"

(1)　　　　(2)　　　　(3)　　　　(4)

(5)　　　　(6)　　　　(7)　　　　(8)

2. 请介绍一个你的假期或周末的旅游计划。
Introduce your travel plan for the holiday or weekend.

六、泛听练习　Extensive listening

泛听一　Extensive listening 1　▶ 13'5"

听后连线。Listen and match.

- 8月26号
- 8月28号
- 8月31号
- 9月1号
- 9月2号

- 黄山
- 杭州
- 上海
- 从北京出发
- 回到北京

- 黄山
- 杭州
- 千岛湖

- 参观蛇岛和鸟岛
- 买丝绸
- 买茶叶

泛听二　Extensive listening 2　　14'35"

听后回答问题。Listen and answer the questions.

(1) 小王和丽丽往哪儿跑？为什么？

(2) 小王一边跑一边做什么？

(3) 小王和丽丽谁跑得快？

(4) 他们跑到站台的时候，列车员正在做什么？

(5) 他们两个人谁上了火车？

(6) 丽丽为什么哭了？

第七课

修 理
Repairing

一、生词　New words　5"

1.	气	qì	(名)	air
2.	怪不得	guàibude	(副)	no wonder
3.	推	tuī	(动)	push
4.	电池	diànchí	(名)	battery
5.	毛病	máobìng	(名)	trouble; breakdown
6.	零件	língjiàn	(名)	spare parts; spares
7.	取	qǔ	(动)	fetch
8.	亮	liàng	(形)	bright; light
9.	电工	diàngōng	(名)	electrician
10.	空调	kōngtiáo	(名)	air conditioner
11.	困难	kùnnan	(名)	difficulty
12.	眼镜	yǎnjìng	(名)	glasses
13.	水龙头	shuǐlóngtóu	(名)	faucet; tap
14.	保修	bǎoxiū	(动)	guarantee to keep sth. in good repair
15.	卡	kǎ	(名)	card
16.	张	zhāng	(动)	open
17.	嘴	zuǐ	(名)	mouth
18.	伸	shēn	(动)	stretch out
19.	手指	shǒuzhǐ	(名)	finger

二、格式与范句 Patterns and examples

1 怪不得 no wonder

表示明白了某一事实或情况发生的原因，不再觉得奇怪。前后常有表示原因的语句。

It means "no wonder", and indicates that one has understood the reason for a fact or situation, and no longer feels puzzled. Before or after 怪不得, there is usually a sentence to indicate the cause.

① 大卫病了，怪不得他今天上午没去上课。
② 今天是周末，怪不得商场里人这么多。
③ A：刚才我喝了三瓶啤酒。
　 B：怪不得你的脸这么红。

2 先……再…… first...then...

表示两件事情发生的顺序。前边一个分句是先做或先发生的事，后一个分句是后做或后发生的事。

It is used to express the succession of two events. The first clause expresses the action that will be done first or the event that takes place first. The second clause expresses the action that will be done later or the event that takes place later.

① 今天下午我先去图书馆，然后再去打球。
② 你应该先吃饭再吃药。
③ 小王每天起床以后，先去锻炼身体，然后再去吃早饭。

三、热身练习 Warm-up exercises

1. 朗读词语。 Read aloud the following words and expressions. 56"

(1) 时间　　　　　　(2) 毛病　　　　　　(3) 陪
　　多长时间　　　　　　出毛病　　　　　　　陪你去
　　用了多长时间　　　　有毛病　　　　　　　陪他玩儿
　　花了多长时间　　　　什么毛病　　　　　　陪我吃饭

(4) 推
推了他一下
推着自行车
推进来
推上去

(5) 气
打气
有气
没气了

(6) 电
有电
没电了
来电了
停电了

(7) 张
张开
张开嘴
张开手

2. 听句子，写出刚学过的生词。
Listen and write down the new word in each sentence. ▶ 2'34"

(1) _____ (2) _____
(3) _____ (4) _____
(5) _____ (6) _____
(7) _____ (8) _____

3. 听句子，回答问题。Listen and answer the questions. ▶ 4'10"

(1) 玛丽宿舍的什么东西坏了？
(2) 大卫要去银行做什么？
(3) 现在是早上6点，天还黑着吗？
(4) 玛丽哪儿出了问题？
(5) 邮局营业员让玛丽填什么？

4. 听后用"怪不得"复述对话。Listen and retell the dialogues with "怪不得". ▶ 4'49"

① A：保罗在中国学了三年汉语了。
　 B：_____。

② A：那家餐馆的菜又便宜又好吃。
　 B：_____。

③ A：小王以前是乒乓球运动员。
   B：_____。

④ A：大卫明天有考试。
   B：_____。

⑤ A：你看，我的自行车没气了。
   B：_____。

5. 根据提示，听后复述句子和对话。 ▶ 5'42"
   Listen and retell the sentences and dialogues according to the cues.
   (1) 中国人吃饭的习惯是_____。（喝酒　吃饭）
   (2) 我们学习新课的时候总是_____。（生词　课文）
   (3) 星期天我打算_____。（写作业　打网球）
   (4) A：你去商店吗？
       B：我饿极了，我想_____。（去吃饭　去商店）
   (5) A：来中国你不想去别的地方玩儿玩儿吗？
       B：_____。（学好汉语　去旅行）

6. 听后复述句子。Listen and retell the sentences. ▶ 6'37"
   (1)   (2)
   (3)   (4)
   (5)   (6)
   (7)

四、听课文做练习 Exercises based on the texts

课文一 Text 1

1. 听第一遍后判断对错。Listen and decide whether the statements are true or false.
   (1) 大卫很长时间没骑自行车,所以车没气了。   (   )
   (2) 大卫推着自行车在路上走,遇见了王建。   (   )
   (3) 学校里没有修车的地方。   (   )
   (4) 王建陪大卫一起去修车了。   (   )

2. 听第二遍后回答问题。Listen again and answer the questions.
   (1) 大卫遇见王建的时候,王建刚从哪儿出来?
   (2) 大卫正要找人问什么?
   (3) 修车的地方在哪儿?
   (4) 小王告诉大卫要是修车的师傅很忙,应该怎么办?

课文二 Text 2

1. 听第一遍后判断对错。Listen and decide whether the statements are true or false.
   (1) 玛丽的表停了。   (   )
   (2) 玛丽表里的电池没有电了。   (   )
   (3) 修表的师傅如果不打开表,就不知道是哪儿的毛病。   (   )
   (4) 表里的一个零件坏了,所以表不走了。   (   )

2. 听第二遍后回答问题。Listen again and answer the questions.
   (1) 玛丽表里的电池用了多长时间了?
   (2) 买新表贵还是修表贵?玛丽修表需要花多少钱?
   (3) 玛丽什么时候可以取表?
   (4) 取表的时候要带什么?

课文三　Text 3

1. 听第一遍后判断对错。Listen and decide whether the statements are true or false.

（1）玛丽住在 362 号房间。　　　　　　　　　　　　　　　（　　）

（2）电工马上来给玛丽修灯。　　　　　　　　　　　　　　（　　）

（3）大卫房间的空调坏了。　　　　　　　　　　　　　　　（　　）

（4）大卫希望电工师傅下午四点以后来。　　　　　　　　　（　　）

2. 听第二遍后回答问题。Listen again and answer the questions.

（1）玛丽房间的灯怎么了？

（2）电工什么时候会来给玛丽修灯？

（3）玛丽在服务台那儿遇见了谁？

（4）电工师傅几点会来给大卫修空调？

五、综合练习　Comprehensive exercises

1. 听后复述句子。Listen and retell the sentences. ▶ 11'18"

（1）　　　　　　　　　　（2）

（3）　　　　　　　　　　（4）

（5）　　　　　　　　　　（6）

2. 模仿例子说句子。Make sentences following the examples.

❶ 例：听到"手表"一词，请说出：我的手表坏了，哪儿可以修理手表啊？ ▶ 12'9"
After you hear the word "手表", please say 我的手表坏了，哪儿可以修理手表啊？

（1）

（2）

（3）

(4)

(5)

❷ 例：听到"灯"一词，请说出：管理员，我宿舍的灯出了毛病，请找人给我修理一下吧。 ▶ 12'38"

After you hear the word "灯", please say：管理员，我宿舍的灯出了毛病，请找人给我修理一下吧。

(1)

(2)

(3)

六、泛听练习　Extensive listening

泛听一　Extensive listening 1　▶ 13'9"

听短文回答问题。Listen and answer the questions.

(1) 要是你的眼镜坏了，应该去哪儿修理？

(2) 修理之前，应该先做什么？

(3) 你宿舍里的灯、电话坏了怎么办？

(4) 在中国新买的电视、录音机什么的坏了，修理时要不要花钱？

泛听二　Extensive listening 2　▶ 14'24"

听短文回答问题。Listen and answer the questions.

(1) 大卫的皮鞋怎么了？

(2) 大卫去买新鞋了吗？

(3) 大卫修理皮鞋要花 15 块钱，对吗？

第八课

休闲娱乐
Leisure and Entertainment

一、生词 New words 5"

1.	环境	huánjìng	（名）	circumstance; environment
2.	轻松	qīngsōng	（动）	relax
3.	辛苦	xīnkǔ	（形）	hard; laborious
4.	点心	diǎnxin	（名）	pastry
5.	饱	bǎo	（形）	(be) full
6.	保龄球	bǎolíngqiú	（名）	bowling
7.	赢	yíng	（动）	win
8.	种	zhòng	（动）	plant; grow
9.	养	yǎng	（动）	raise; keep; grow
10.	爱好	àihào	（名）	hobby
11.	迪厅	dítīng	（名）	discotheque; dancing hall (for disco)
12.	牌	pái	（名）	cards
13.	棋	qí	（名）	chess
14.	湖	hú	（名）	lake
15.	休闲	xiūxián	（动）	take a leisurely life
16.	娱乐	yúlè	（动）	amusement; recreation
17.	方式	fāngshì	（名）	way; manner
18.	橄榄球	gǎnlǎnqiú	（名）	rugby; American football
19.	五花八门	wǔ huā bā mén		multifarious
20.	球迷	qiúmí	（名）	(ball game) fan
21.	钓鱼	diào yú		go fishing

休闲娱乐
Leisure and Entertainment 8

二、格式与范句 Patterns and examples

1 不但……而且…… not only...but also...

在"不但……而且……"的句子里,"而且"后边的分句所表示的意思要比前一分句所表示的意思更进一步。

In the sentence pattern 不但……而且……, the meaning of the clause after 而且 is further emphasized.

① 他不但喜欢看京剧,而且还喜欢唱京剧。
② 我们不但认识,而且是好朋友。
③ 不但彼得会唱中文歌,而且玛丽和大卫也会唱中文歌。
④ 不但中国人喜欢吃中国菜,而且很多外国人也喜欢吃中国菜。

2 一边……一边…… while; at the same time

连接两个动词,表示两个动作同时进行。

It links two verbs to express that two actions take place at the same time.

① 他在北京一边工作,一边学习。
② 他一边听电话,一边记。
③ 咱们一边吃一边等他。

3 虽然……但是…… though; but

连接表示让步关系的复句。"虽然"引出的分句表示承认某事实的存在,"但是"表示转折。

It is used to link a complex sentence of concession. The clause of 虽然 indicates the acknowledgement of the existing facts, 但是 expresses the concession.

① 虽然现在已经是夏天了,但是天气还不太热。
② 虽然房间有点儿小,但是挺干净。
③ 虽然他说的是真的,但是我还是不相信。
④ 这个足球队虽然水平不高,但是球迷很多。

三、热身练习　Warm-up exercises

1. 朗读词语。Read aloud the following words and expressions. ▶ 1'5"

（1）酸　　　　　　（2）喝得下去　　　　（3）对身体不好
　　眼睛酸了　　　　　　喝不下去　　　　　　对眼睛不好
　　手酸了　　　　　　　吃得下去　　　　　　对头发不好
　　腿酸了　　　　　　　吃不下去

（4）对身体有好处　　（5）唱歌或者跳舞
　　对工作有好处　　　　打牌或者下棋
　　对学习有好处　　　　看演出或者看比赛
　　对孩子有好处　　　　种花或者养鱼

2. 听句子，写出刚学过的生词。Listen and write down the new word in each sentence. ▶ 2'28"

（1）　　　　　　　　（2）
（3）　　　　　　　　（4）
（5）

3. 听后用"虽然……但是……"改说句子。▶ 3'29"
Listen and join the sentences using 虽然……但是…….

（1）
（2）
（3）
（4）
（5）

4. 听后用"而且"复述句子。Listen and retell the sentences with 而且. ▶ 4'25"

（1）他不但爱吃中国菜，_____。
（2）他不但会说汉语，_____。
（3）抽烟不但对自己的身体不好，_____。

(4) 不但中国人喜欢喝茶，_____。
(5) 不但我听不懂上海话，_____。

5. 听后复述句子。Listen and retell the sentences. 5'25"

(1)　　　(2)　　　(3)　　　(4)　　　(5)
(6)　　　(7)　　　(8)　　　(9)　　　(10)

四、听课文做练习　Exercises based on the texts

课文一　Text 1　6'50"

1. 听第一遍后判断对错。Listen and decide whether the statements are true or false.
   (1) 大卫写了十二个小时的汉字了。　　　　　　　　　　（　）
   (2) 写了半天汉字以后，大卫的手累了。　　　　　　　　（　）
   (3) 大卫想出去散散步。　　　　　　　　　　　　　　　（　）
   (4) 今天不太热，彼得想出去打球。　　　　　　　　　　（　）

2. 第二遍后回答问题。Listen again and answer the questions.
   (1) 彼得想出去干什么？
   (2) 什么地方可以游泳？
   (3) 他们打算游完泳做什么？

课文二　Text 2　7'54"

1. 听第一遍后判断对错。Listen and decide whether the statements are true or false.
   (1) 累了一个星期，玛丽想要好好儿在家里休息一下。　　（　）
   (2) 大卫不想看电影。　　　　　　　　　　　　　　　　（　）
   (3) 在老舍茶馆可以一边喝茶、吃点心，一边看京剧。　　（　）

(4) 玛丽对京剧很感兴趣。　　　　　　　　　　　　　　　　（　）

(5) 他们最后决定比赛打保龄球，谁输了谁请客。　　　　　（　）

2. 听第二遍后回答问题。Listen again and answer the questions.

(1) 他们为什么决定不去看电影？

(2) 他们决定去老舍茶馆了吗？为什么？

(3) 玛丽和大卫最后决定做什么？

(4) 大卫认为，他和玛丽的比赛，谁一定能赢？

课文三　Text 3

1. 听第一遍后填空。Listen and fill in the blanks.

(1) 大卫看见很多人在路边或公园里_____。

(2) 很多老人退休了，在家里没什么事，就喜欢_____、_____。

(3) 年轻人喜欢运动，比如_____、_____。

(4) 年轻人有各种各样的爱好，比如说_____、_____、_____、_____等等。

2. 听第二遍后回答问题。Listen again and answer the questions.

(1) 为什么很多老人在公园里跳舞？

(2) 周末人们喜欢做些什么？

(3) 今天是星期几？

(4) 大卫和小王要去什么地方玩儿？

五、综合练习　Comprehensive exercises

1. 听后判断下列句子是否与休闲、娱乐有关。 10'42"

Listen and decide whether the following sentences describe recreational activities.

1　（　）　　　　　　　　　　2　（　）

3　（　）　　　　　　　　　　4　（　）

休闲娱乐
Leisure and Entertainment 8

⑤ (　　)　　　　　　⑥ (　　)
⑦ (　　)　　　　　　⑧ (　　)

2. 连线，组成短语。Match the words in the two columns to form phrases.

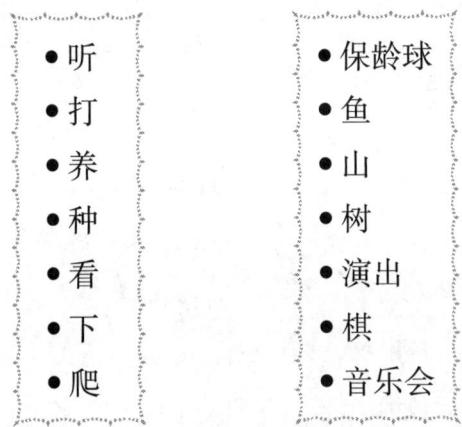

- 听
- 打
- 养
- 种
- 看
- 下
- 爬

- 保龄球
- 鱼
- 山
- 树
- 演出
- 棋
- 音乐会

3. 听后复述句子。Listen and retell the sentences. ▶ 11'56"

(1)　　　(2)　　　(3)　　　(4)　　　(5)

六、泛听部分　Extensive listening ▶ 12'42"

听后选择正确答案。Listen and choose the correct answers. ▶ 14'

① A. 休闲、娱乐　　B. 工作、学习

② A. 德国　　　　　B. 日本　　　　　C. 韩国

③ A. 不多，只有几种　B. 多，五花八门

④ A. 网球比赛　　　B. 篮球比赛　　　C. 足球比赛

⑤ A. 多　　　　　　B. 不多

第九课

谈 学 习
Talking about Studies

一、生词 New words 5"

1.	期中	qīzhōng	（名）	middle of a semester
2.	期末	qīmò	（名）	end of a semester
3.	那倒是	nà dàoshì		that's right
4.	继续	jìxù	（动）	continue
5.	打扰	dǎrǎo	（动）	interrupt
6.	报刊	bàokān	（名）	newspapers and periodicals
7.	阅读	yuèdú	（动）	read
8.	速度	sùdù	（名）	speed
9.	来不及	láibují	（动）	be too late; have no time
10.	担心	dānxīn	（动）	worry; be afraid
11.	麻烦	máfan	（形）	troublesome
12.	建议	jiànyì	（名）	suggestion
13.	提高	tígāo	（动）	improve
14.	辅导	fǔdǎo	（动）	tutor
15.	原因	yuányīn	（名）	reason; cause
16.	接	jiē	（动）	meet
17.	跟	gēn	（动）	follow
18.	根本	gēnběn	（副）	at all
19.	报名	bào//míng	（动）	enroll
20.	愿意	yuànyì	（动）	be willing; wish

二、格式与范句　Patterns and examples

1 再说，……　what's more

用来补充说明理由。

It is used to introduce a supplementary reason.

① 天黑了，再说路又那么远，今天别回去了。
② 这篇文章不长，再说也不太难，我想明天就可以看完。
③ 这件事不用请他帮忙，再说，他也不一定愿意帮我们。

2 越 A 越 B　the more...the more

"越 A 越 B"表示在程度上 B 随 A 的加深而加深。

越 A 越 B means the degree of B increases with A.

① 这本书我越看越爱看。
② 风越刮越大。
③ 孩子生活得越幸福，妈妈就越高兴。

3 就是……也……　even if

"就是……也……"连接让步复句。"就是"后面的分句承认某种事实，作出让步，"也"后面的分句从相反的角度说出正面的意思。

就是……也…… is used to link a complex sentence of concession. The clause after 就是 shows the admission of the fact; the other one after 也 stands to contrast the meaning of the first one.

① 就是今天晚上不睡觉，我也要把这个工作完成。
② 就是三岁的小孩子也知道这个道理。
③ 你就是不来也应该打电话告诉我啊！
④ 这个字就是中国人也不一定认识。

三、热身练习 Warm-up exercises

1. 用本课生词改说句子。
Say the sentences in a different way using the new words in this lesson.

(1) 我们没有中间的考试。
我们没有_____考试。

(2) 休息十分钟以后木村接着说。
休息十分钟以后木村_____说。

(3) 我看汉字看得太慢，所以没有时间了。
我看汉字_____太慢，所以_____了。

(4) 现在我最不放心的是听力考试。
现在我最_____的是听力考试。

(5) 坐公共汽车去那个地方太不方便。
坐公共汽车去那个地方太_____了。

(6) 那个地方我认识，你在我后边走就行了。
那个地方我认识，你_____着我走就行了。

(7) 我不是不想学，是没有钱。
我不是不_____学，是没有钱。

(8) 他一点儿也不知道为什么错了。
他_____不知道为什么错了。

2. 听句子，判断对错。Listen and decide whether the statements are true or false.

(1) 我们班每学期有两次考试。 （　　）
(2) 因为你很忙，所以我想去你那儿。 （　　）
(3) 他们一共有三门课。 （　　）
(4) 她的水平在 C 班和 D 班中间。 （　　）
(5) 他想跟着别人学。 （　　）
(6) 她上午一直在学习。 （　　）

3. 根据提示，听后复述句子。

Listen and retell the sentences according to the cues. ▶ 2'32"

(1) 都这么晚了，_____。（打扰）

(2) 我打算下个学期_____。（继续）

(3) 学了一个学期以后，大卫的汉语水平_____。（提高）

(4) 我的阅读能力还很低，所以现在还_____。（报刊）

(5) 我不知道该怎么办了，你_____？（建议）

(6) 我星期一和星期四下午没有时间，因为_____。（辅导）

四、听课文做练习　Exercises based on the texts

1. 听第一遍后回答问题。Listen and answer the questions.

(1) 安娜和木村在哪儿遇见的？

(2) 木村最近怎么样？

(3) 为什么木村说"忙死了"？

(4) 木村一个学期有几次考试？安娜呢？

(5) 为什么安娜比木村多一次考试？

(6) 安娜上个星期刚参加完什么考试？

2. 听第二遍后连线。Listen again and match the items in the three columns.

• 两次考试	• 安娜	• 12 周
• 一次考试	• 木村	• 20 周

课文二 Text 2

1. 听第一遍后判断对错。Listen and decide whether the statements are true or false.

    (1) 木村想去安娜的宿舍玩儿。　　　　　　　　　　　　(　　)
    (2) 安娜怕打扰木村学习。　　　　　　　　　　　　　　(　　)
    (3) 安娜比木村多两门课。　　　　　　　　　　　　　　(　　)
    (4) 木村没有综合课。　　　　　　　　　　　　　　　　(　　)
    (5) 安娜的阅读速度很快。　　　　　　　　　　　　　　(　　)
    (6) 木村很少跟中国人聊天儿。　　　　　　　　　　　　(　　)

2. 听第二遍后回答问题。Listen again and answer the questions.

    (1) 安娜去不去木村的宿舍？
    (2) 上午木村在做什么？
    (3) 现在木村打算做什么？
    (4) 安娜觉得什么课难？为什么？
    (5) 木村最担心什么课？
    (6) 安娜对木村有什么建议？
    (7) 木村为什么不常跟中国人聊天儿？

课文三 Text 3

听后回答问题。Listen and answer the questions.

    (1) 小王跟大卫谈的是什么话题？
    (2) 大卫想继续学汉语吗？
    (3) 大卫决定下学期在这儿学习吗？为什么？
    (4) 大卫现在的汉语水平怎么样？
    (5) 小王对大卫有什么建议？为什么？

(6) 对于去 D 班，大卫担心什么？

(7) 小王建议大卫怎么做？

五、综合练习　Comprehensive exercises

1. 听后复述句子，然后用指定的词语造句。▶ 6'57"

Listen and retell the sentences and then make sentences with the given words.

(1) 再说：_____

(2) 正想：_____

(3) 不敢：_____

(4) 越……越……：_____

(5) 不会不：_____

2. 连线，组成短语。Match the words in the two columns to form phrases.

• 上	• 轻松
• 听	• 综合课
• 接	• 录音
• 觉得	• 汉语水平
• 不敢	• 学习汉语
• 提高	• 朋友
• 继续	• 回答问题

六、泛听练习　Extensive listening

泛听一　Extensive listening 1 ▶ 7'57"

1. 听第一遍后回答问题。Listen and answer the questions.

(1) 木村是哪个学校的学生？

(2) 木村都有什么课？

(3) 木村最喜欢上什么课？为什么？

(4) 上综合课的时候木村觉得怎么样？

(5) 木村觉得什么课很难？

(6) 口语课木村学得怎么样？听力课呢？

2. 听第二遍后复述大概内容。Listen again and retell what you hear.

泛听二　Extensive listening 2　▶ 9'11"

听后回答问题。Listen and answer the questions.

(1) 丈夫和妻子在做什么？

(2) 他们在谈论什么话题？

(3) 英语班什么时候开始报名？学多长时间？

(4) 丈夫最后同意孩子参加英语班了吗？为什么？

(5) 妻子希望孩子参加英语班吗？为什么？

第十课

家 庭
Family

一、生词　New words

1.	攒	zǎn	（动）	save（money）
2.	退休	tuìxiū	（动）	retire
3.	将来	jiānglái	（名）	(in the) future
4.	打工	dǎ//gōng	（动）	do manual work（for sb.）
5.	挣	zhèng	（动）	earn
6.	放假	fàng//jià	（动）	have a holiday
7.	谈恋爱	tán liàn'ài		be in love
8.	照顾	zhàogu	（动）	look after
9.	邀请	yāoqǐng	（动）	invite
10.	娶	qǔ	（动）	marry（a woman）
11.	温柔	wēnróu	（形）	gentle and soft
12.	可怕	kěpà	（形）	terrible; fearful
13.	家务	jiāwù	（名）	housework
14.	平等	píngděng	（形）	equal
15.	长久	chángjiǔ	（形）	long
16.	搬	bān	（动）	move; take away
17.	矛盾	máodùn	（名）	conflict; contradiction
18.	保姆	bǎomǔ	（名）	nurse; babysitter
19.	羡慕	xiànmù	（动）	admire
20.	寂寞	jìmò	（形）	lonely
21.	乐趣	lèqù	（名）	joy; fun
22.	耽误	dānwù	（动）	delay

二、格式与范句　Patterns and examples

1 是……，而不是…… ..., but not...

该句式先肯定一事，然后再加以解释说明。此种句式意在强调前一句。

In a sentence containing ……是……，而不是……, the first clause affirms a thing, the second clause then gives an explanation. Such a sentence stresses the first clause.

① 她是我姐姐，而不是我妹妹。
② 他要的是黄的，而不是红的。
③ 我是没有时间去旅行，而不是不喜欢旅行。

2 只要……就…… so long as

"只要……就……"连接条件复句。"只要"后边提出一个充分条件，"就"后边是在这个条件下得到结果。意思是有这个条件时一定有这个结果。

只要……就…… links a conditional complex sentence. After 只要 is put forward a sufficient condition, and after 就 is the result obtained when this condition is fulfilled. It means that when this condition is fulfilled, this result will be surely obtained.

① 只要你努力，就一定能学好汉语。
② 只要你需要，我就一定帮助你。
③ 只要打个电话，他马上就来。

三、热身练习　Warm-up exercises

1. 朗读词语。 Read aloud the following words and expressions. ▶ 1'3"

(1) 够大的　　　　　(2) 攒钱　　　　　　(3) 照顾父母
　　够贵的　　　　　　　攒了很多钱　　　　　照顾孩子
　　够可怕的　　　　　　攒了很多邮票　　　　需要父母的照顾
　　够辛苦的　　　　　　攒了很多明信片　　　需要别人的照顾

家 庭
Family 10

(4) 又好又便宜　　　　(5) 产生问题　　　　(6) 生活方式
　　又好吃又好看　　　　　产生矛盾　　　　　　教育方式
　　又肥又大　　　　　　　产生感情　　　　　　表达方式
　　又温柔又漂亮　　　　　产生不好的结果　　　娱乐方式

2. 用本课生词回答问题。Answer the questions using the new words in this lesson.

(1) 老王六十多岁了，每天不用上班，为什么？
(2) 大学生小王这个月得到了三百块钱，这些钱是怎么来的？
(3) 大学生小王一个月没上课了，为什么？
(4) 在中国，很多丈夫都帮助太太做什么？
(5) 李先生夫妻俩白天要工作，不能看孩子，就请了什么人来看孩子？
(6) 张老师一个人去日本工作，没有中国朋友，又不会说日语，他觉得怎么样？
(7) 那个姑娘常常跟一个男人约会，为什么？

3. 听句子，回答问题。Listen and answer the questions. ▶ 2'40"

(1) 为什么小王最近很少去酒吧？
(2) 小李、小张为什么见面不打招呼？
(3) 小王为什么要找工作？
(4) 大卫为什么没找到玛丽？
(5) 为什么小张没去参加小李的生日晚会？
(6) 为什么小明的妈妈不让他看电视？
(7) 他为什么想当老师？

4. 听后用"是……，而不是……"复述对话。▶ 3'47"
Listen and retell the dialogues with 是……，而不是…….

① A：听说你是个足球迷，那你很喜欢踢足球吧？
　　B：_____。

② A：什么？你说你坐货车去的天津？
　　B：_____。

69

3　A：你怎么不看中文小说？你不爱看吗？

　　B：_____。

4　A：你为什么不想告诉我？

　　B：_____。

5. 听后用"只要……就……"复述对话。　▶ 4'42"
　　Listen and retell the dialogues with 只要……就……．

1　A：明天你去颐和园吗？

　　B：_____。

2　A：怎样才能学好汉语？

　　B：_____。

3　A：你陪我去王府井，怎么样？

　　B：_____。

4　A：你喜欢吃中国菜吗？

　　B：_____。

6. 听后复述句子。Listen and retell the sentences.　▶ 5'25"

（1）　　　　（2）　　　　（3）　　　　（4）

（5）　　　　（6）　　　　（7）　　　　（8）

四、听课文做练习　Exercises based on the texts

课文一　Text 1　6'26"

1. 听第一遍后判断对错。Listen and decide whether the statements are true or false.

（1）彼得坐上出租车的时候已经很晚了。　　　　　　（　）

（2）司机不喜欢早回家。　　　　　　　　　　　　　（　）

(3) 以前打工的学生很多，现在不多了。　　　　　　　　（　）
(4) 打工能挣很多钱。　　　　　　　　　　　　　　　　（　）
(5) 每个人都希望自己的孩子好。　　　　　　　　　　　（　）

2. 听第二遍后回答问题。 Listen again and answer the questions.

(1) 这个出租车司机为什么辛辛苦苦地挣钱？
(2) 大学生可以怎么挣钱？
(3) 在中国，孩子结婚的时候父母给钱吗？为什么？
(4) 父母老了，孩子一定得照顾他们吗？

课文二　Text 2

1. 听第一遍后判断对错。

Listen and decide whether the statements are true or false.

(1) 玛丽的男朋友星期六举行婚礼，邀请玛丽参加。　　（　）
(2) 玛丽已经准备了很好的礼物。　　　　　　　　　　（　）
(3) 金大成听说中国女人很厉害。　　　　　　　　　　（　）
(4) 金大成的爸爸从来不做家务。　　　　　　　　　　（　）
(5) 中国女人结婚以前工作，结婚以后就不工作了。　　（　）

2. 听第二遍后回答问题。 Listen again and answer the questions.

(1) 玛丽见过那个中国女孩儿吗？她觉得怎么样？
(2) 金大成认为中国男人帮助太太做家务的原因是什么？
(3) 玛丽和金大成的看法一样吗？
(4) 玛丽对婚姻的看法是什么？

课文三　Text 3

1. 听第一遍后判断对错。Listen and decide whether the statements are true or false.

(1) 照片上中间坐着的是张老师的爸爸和妈妈。　　　　（　）

(2) 张老师现在跟父母住在一起。　　　　　　　　　　（　）

(3) 老人愿意跟儿女一起住，可是儿女不愿意跟老人一起住。（　）

(4) 张老师的父母对现在的生活很满意。　　　　　　　（　）

2. 听第二遍后回答问题。Listen again and answer the questions.

(1) 彼得来中国以后发现了什么？

(2) 孩子结婚以后，老人和孩子愿意分开住吗？为什么？

(3) 张老师对父母怎么样？她是怎么做的？

(4) 将来父母不能照顾自己了，张老师愿意给父母请保姆，还是把他们接来一起住？

五、综合练习　Comprehensive exercises

1. 听对话，回答问题。Listen to the dialogues and answer the questions. 10'56"

(1) 这个师傅的工作辛苦吗？挣钱容易吗？

(2) 这位母亲对儿子的工作满意吗？

(3) 小王是男的还是女的？

(4) 这个女人的丈夫帮她做家务吗？

(5) 他家一共有几口人？

(6) 男的跟他父母住在一起吗？

(7) 男的每个星期天都去看他父母，对吗？

(8) 张老师家离学校远吗？

家 庭
Family 10

2. 说一说中国人的家庭观念与你们国家的有什么不同。
Discuss the differences of family concept held by Chinese people and people in your country.

六、泛听练习　Extensive listening　▶ 12'21"

听后回答问题。Listen and answer the questions.
(1) 其中一位妇女为什么羡慕楼上的小两口儿？
(2) 另一位妇女认为没有孩子会有什么问题？
(3) 有些年轻人为什么不要孩子？他们是怎么想的？
(4) 要孩子好还是不要孩子好，两个人讨论出结果没有？

第十一课

北京见闻
Experiences in Beijing

一、生词 New words 6"

1.	技术	jìshù	（名）	skill
2.	窄	zhǎi	（形）	narrow
3.	几乎	jīhū	（副）	almost
4.	打车	dǎ//chē	（动）	take a taxi
5.	存	cún	（动）	deposit
6.	轮休	lúnxiū	（动）	have holidays by turns
7.	随便	suíbiàn	（形）	not careful about; do as one pleases
8.	午睡	wǔshuì	（动）	afternoon nap; noontime snooze
9.	婚礼	hūnlǐ	（名）	wedding ceremony
10.	新娘	xīnniáng	（名）	bride
11.	喜庆	xǐqìng	（形）	joyous
12.	旗袍	qípáo	（名）	Chinese-style woman's dress; cheongsam
13.	场合	chǎnghé	（名）	occasion; situation
14.	节目	jiémù	（名）	program
15.	主持人	zhǔchírén	（名）	compere

二、格式与范句 Patterns and examples

1 挺……的 very

"挺"，副词，表示程度高，"很"的意思，口语里常用。常与"的"连用。

挺 is an adverb expressing a high degree and has the same meaning as 很.

11 北京见闻 Experiences in Beijing

It is often used in spoken Chinese. One can add 的 after it.

① 北京的冬天挺冷的。

② 今天我们玩儿得挺高兴的。

③ 那个电影挺有意思的。

2 既……也…… both...and...; as well as

连接并列的两个动词或动词短语，强调两种情况同时存在，后一部分表示进一步补充说明。

既……也…… is used to link coordinate verbs or verbal phrases. This pattern underlines the fact that two situations exist at the same time. The part after 也 gives further explanation.

① 学汉语既要练习听和说，也要练习读和写。

② 寒假我既不回国也不去旅行。

③ 这本书既有英文翻译，也有日文翻译。

三、热身练习 Warm-up exercises

1. 朗读词语。 Read aloud the following words and expressions. ▶ 51"

(1) 挺……的
　　挺紧张的
　　挺累的
　　挺难的
　　挺有意思的

(2) 几乎
　　几乎听不懂
　　几乎不会
　　几乎都有
　　几乎不可能

(3) 存
　　存钱
　　存自行车
　　存包
　　存起来

(4) 随便
　　随便吃
　　随便看看
　　说话太随便
　　穿得很随便

(5) 场合
　　随便的场合
　　正式的场合
　　合适的场合
　　特别的场合

(6) 打
　　打车
　　打伞
　　打气
　　打水

2. 把下列意思相反或相对的词用线连起来。

Draw lines to match the words with opposite meanings in the two columns.

- 窄
- 存
- 平时
- 认真
- 高兴
- 上班
- 特别

- 取
- 宽
- 随便
- 生气
- 周末
- 一般
- 休息

3. 听句子，判断对错。 Listen and decide whether the statements are true or false. ▶ 2'34"

(1) 你骑车的技术还不太好。　　　　　　　　　　　　　　　(　　)

(2) 在那条街上不可以走路。　　　　　　　　　　　　　　　(　　)

(3) 逛王府井的人中有很多不是北京人。　　　　　　　　　　(　　)

(4) 今天别人应该工作，但是我休息。　　　　　　　　　　　(　　)

(5) 中国人特别喜欢穿旗袍。　　　　　　　　　　　　　　　(　　)

(6) 他生气是因为你说话不够客气。　　　　　　　　　　　　(　　)

4. 根据提示，听后复述句子。 Listen and retell the sentences according to the cues. ▶ 3'49"

(1) 这条路很窄，车又很多，可是他骑得那么快，_____。（技术）

(2) 我想换宿舍，因为_____。（窄）

(3) 今天下课以后我想_____。（存）

(4) 对好朋友说话_____。（随便）

(5) 明天晚上有联欢晚会，_____。（主持人）

(6) 明天晚上有联欢晚会，_____。（节目）

5. 根据提示，听后复述对话。 Listen and retell the dialogues according to the cues. ▶ 4'50"

① A：你现在的班怎么样？

　　B：_____。（挺……的）

2　A：你为什么不坐公共汽车去？
　　B：_____。（既……又……）

3　A：下星期的考试你都准备好了吗？
　　B：_____。（除了……以外）

4　A：你常常这么晚才起床吗？
　　B：_____。（只有……才……）

四、听课文做练习　Exercises based on the texts

课文一　Text 1

1. 听第一遍后判断对错。Listen and decide whether the statements are true or false.

(1) 彼得累了，所以他骑得很慢。　　　　　　　　　　　（　　）
(2) 彼得骑车的技术不太好。　　　　　　　　　　　　　（　　）
(3) 刘风骑车的技术没有彼得好。　　　　　　　　　　　（　　）
(4) 在彼得的国家，骑车的人比北京的多。　　　　　　　（　　）
(5) 刘风家一共有两辆自行车。　　　　　　　　　　　　（　　）

2. 听第二遍后回答问题。Listen again and answer the questions.

(1) 刘风和彼得去哪儿？
(2) 彼得为什么骑得那么慢？
(3) 刘风骑车的技术为什么那么好？
(4) 骑车有哪些好处？

课文二　Text 2

听后回答问题。Listen and answer the questions.

(1) 刘风说要把自行车怎么样？

(2) 他们为什么不骑过去？

(3) 那条路为什么不能骑车？

(4) 今天是周末吗？

(5) 为什么王府井有那么多人？

(6) 什么是"轮休"？

课文三 Text 3   7'45"

1. 听第一遍后判断对错。

Listen and decide whether the statements are true or false.

(1) 今天玛丽给小王打电话了。（　　）

(2) 接电话的不是小王。（　　）

(3) 因为玛丽说话太随便，所以老人生气了。（　　）

(4) 玛丽跟李玉说话的时候比较随便。（　　）

(5) 玛丽是 11 点给小王家打的电话。（　　）

(6) 老人常常午睡，但很多年轻人现在不午睡了。（　　）

2. 听第二遍后回答问题。 Listen again and answer the questions.

(1) 玛丽是什么时候、给谁打的电话？

(2) 玛丽打电话的时候遇到了什么问题？

(3) 李玉觉得老人为什么不高兴了？

(4) 实际上老人是因为什么不高兴？

(5) 为什么有的单位中午没人？

五、综合练习　Comprehensive exercises

1. 听后复述句子。 Listen and retell the sentences.　8'59"

(1)　　(2)　　(3)　　(4)　　(5)　　(6)

11 北京见闻
Experiences in Beijing

2. 谈谈你在中国的见闻。

Talk about something you've seen and heard in China.

六、泛听练习　Extensive listening

泛听一　Extensive listening 1　▶ 9'58"

1. 听后回答问题。Listen and answer the questions.

(1) 举例说明中国人为什么喜欢红色。

(2) 什么叫红包？

(3) 在中国人看来，红色表示什么？

2. 听后复述短文。Listen and retell the short passage.

3. 说一说你们国家人们喜欢什么颜色。

Talk about what colors are popular or common in your country.

泛听二　Extensive listening 2　▶ 10'40"

听后回答问题。Listen and answer the questions.

(1) 田中想买什么？

(2) 李玉为什么没有旗袍？

(3) 中国人一般什么时候穿旗袍？

(4) 为什么中国人不常穿旗袍？

(5) 什么样的人常穿旗袍？

第十二课

社会问题
Social Problems

一、生词 New words 6"

1.	增加	zēngjiā	（动）	increase; add
2.	政府	zhèngfǔ	（名）	government
3.	改造	gǎizào	（动）	transform; reform
4.	拆	chāi	（动）	tear down; demolish
5.	面积	miànjī	（名）	area
6.	害怕	hàipà	（动）	be afraid
7.	撞	zhuàng	（动）	bump
8.	危险	wēixiǎn	（形）	dangerous
9.	拥挤	yōngjǐ	（形）	crowded
10.	遵守	zūnshǒu	（动）	observe; abide by
11.	规则	guīzé	（名）	rule
12.	事故	shìgù	（名）	accident
13.	污染	wūrǎn	（动、名）	pollute; pollution
14.	解决	jiějué	（动）	solve; settle
15.	玩具	wánjù	（名）	toy
16.	要求	yāoqiú	（名）	requirement; request
17.	满足	mǎnzú	（动）	satisfy; meet
18.	适应	shìyìng	（动）	fit; suit
19.	竞争	jìngzhēng	（动）	compete
20.	培养	péiyǎng	（动）	develop; train; cultivate
21.	养老院	yǎnglǎoyuàn	（名）	rest home; home for old people
22.	热情	rèqíng	（形）	warm-hearted; enthusiastic

社会问题 Social Problems 12

| 23. | 打招呼 | dǎ zhāohu | | greet sb. |
| 24. | 加塞儿 | jiā∥sāir | （动） | jump a queue |

二、格式与范句　Patterns and examples

1 还……呢

表示对前边所述内容的补充和追加说明。

It indicates the supplemental explanation for things mentioned before.

① A：住在这儿，上学很方便。
　　B：房租还挺便宜的呢。

② A：今天过生日的人在这里吃饭，啤酒免费。
　　B：还可以打折呢。

③ A：网上买东西真好，比商店里便宜多了。
　　B：是啊，还不用出门呢。

2 怎么(能)……呢？　How can...?

这是一个反问句。反问不需要回答，是一种表示强调的方式。以否定形式出现的反问句是强调肯定，以肯定形式出现的反问句是强调否定。

It's a rhetorical question. A rhetorical question needs no reply and its function is for emphasis. A negative rhetorical question is used to emphasize an assurance, but an affirmative rhetorical one emphasizes the negative tone.

① 你怎么能不吃早饭呢？
② 这么好的机会，我怎么能不去呢？
③ 这么好的天气，怎么会下雨呢？

3 连……都／也……　even...

用"连"提出某一突出事例加以强调。表示所强调者尚且如此，推及其他更是如此了。"连……"后用"也、都、还"与之呼应。

Here 连 is used to bring out something for emphasis. The conclusion can be logically drawn only by judging the typical case provided. 连 is often followed by 也, 都 or 还.

① 刚来中国的时候，他连汉语"你好"都不会说。

② 成龙在世界上非常有名，连外国人都知道。

③ 他怎么连这么点儿小事也做不好？

4 可不是(嘛)

"可不是(嘛)"表示同意对方的看法或说法，有反问语气，用于口语。

可不是(嘛) is used rheorically to express agreement with what has been said by the other party. It is used in spoken Chinese.

① A：现在找工作可真不容易呀。

B：可不是嘛！我儿子毕业都半年了，还没找到满意的工作呢。

② A：玛丽的汉语学得不错吧？

B：可不是嘛！这次考试她又是全班第一。

③ A：我们见一次面可真不容易。

B：可不是！大家现在都够忙的。

三、热身练习 Warm-up exercises

1. 朗读词语。Read aloud the following words and expressions. ▶ 1'13"

(1) 跟你一样
跟你想的一样
跟你吃的一样
跟你学的一样

(2) 出事故
出交通事故
出教学事故
出医疗事故

(3) 污染
水污染
空气污染
环境污染

(4) 解决
解决问题
解决困难
解决矛盾

(5) 培养
培养能力
培养孩子
培养感情

社会问题 **12**
Social Problems

2. 用本课生词回答问题。Answer the questions using the new words in this lesson.

(1) 酒后开快车会怎么样？
(2) 中国人打电话时先说"喂"，这是在做什么？
(3) 不排队，站到别人前面买东西，这叫什么？
(4) 河里的鱼都死了，可能是什么原因？
(5) 你的宿舍里来了十几个同学，房间就变得怎么样？
(6) 顾客一进门，售货员就微笑着说："欢迎光临。"这个售货员怎么样？
(7) 孩子一进商店就要买什么？
(8) 马路中间有两个警察和很多人，那儿可能发生了什么事？

3. 听句子，写出刚学过的生词。Listen and write down the new word in each sentence. ▶ 2'30"

(1) _____ (2) _____
(3) _____ (4) _____
(5) _____ (6) _____

4. 听后用"怎么……呢？"改说句子。 ▶ 3'44"

Listen and say the sentences in a different way using 怎么……呢？.

(1)
(2)
(3)
(4)
(5)

5. 听后用"连……都/也……"复述句子。 ▶ 4'35"

Listen and retell the sentences with 连……都/也…….

(1) 最近我实在太忙了，_____。
(2) 有些地方的人什么都敢吃，_____。
(3) 这个问题太简单了，_____。
(4) 你要的东西太难买了，_____。
(5) 我真的不能喝酒，_____。

83

6. 根据提示，听后复述对话。 Listen and retell the dialogues according to the cues. ▶ 5'28"

1　A：你的衣服真漂亮啊！

　　B：＿＿＿＿＿＿＿＿＿＿＿＿。　　　　　（还……呢）

2　A：我们去天安门吧。

　　B：好啊，＿＿＿＿＿＿＿＿＿＿＿＿。　　（还……呢）

3　A：我们骑自行车去怎么样？

　　B：好啊，＿＿＿＿＿＿＿＿＿＿＿＿。　　（还……呢）

4　A：我们应该坐公共汽车去。

　　B：行，＿＿＿＿＿＿＿＿＿＿＿＿。　　　（还……呢）

5　A：你们医生很辛苦吧？

　　B：＿＿＿＿＿＿＿＿＿＿。　　　　　　（可不是（嘛））

6　A：快要考试了，你们学习很紧张，是不是？

　　B：＿＿＿＿＿＿＿＿＿＿。　　　　　　（可不是（嘛））

7　A：你练习半天发音了，累了吧？

　　B：＿＿＿＿＿＿＿，我又累又渴。　　　（可不是（嘛））

四、听课文做练习　Exercises based on the texts

课文一　Text 1　🎧 6'38"

1. 听第一遍后判断对错。 Listen and decide whether the statements are true or false.

（1）大卫和李玉等车没花多长时间。　　　　　　　　　　　（　　）

（2）学校南边路两边的房子拆了，是为了增加绿地面积。　　（　　）

（3）前几天大卫在北京坐了一种没有人卖票的车，有点儿挤。（　　）

（4）来北京以前，大卫听说北京的公共汽车不太挤。　　　　（　　）

2. 听第二遍后回答问题。 Listen again and answer the questions.

（1）他们俩决定等公共汽车，为什么？

（2）路两边的房子为什么拆了？

(3) 李玉说北京以后会怎么样？

(4) 公共汽车来了，大卫为什么说"太棒了"？

课文二 Text 2

1. 听第一遍后判断对错。Listen and decide whether the statements are true or false.

(1) 玛丽骑车时有些害怕，所以不敢快骑。　　　　　　　　（　）

(2) 玛丽看见有的人不遵守交通规则。　　　　　　　　　　（　）

(3) 玛丽觉得就是不遵守交通规则也不会出事故。　　　　　（　）

(4) 堵车会使空气不好。　　　　　　　　　　　　　　　　（　）

(5) 政府为解决交通问题和污染问题作了很大努力。　　　　（　）

2. 听第二遍后回答问题。Listen again and answer the questions.

(1) 玛丽骑车跟得上大明吗？为什么？

(2) 玛丽骑车为什么有点儿害怕？

(3) 玛丽认为城里的空气污染情况怎么样？大明怎么想？

课文三 Text 3

1. 听第一遍后判断对错。

Listen and decide whether the statements are true or false.

(1) 李玉猜出了孩子哭的原因。　　　　　　　　　　　　　（　）

(2) 彼得认为对孩子的什么要求都满足，这样对孩子有好处。（　）

(3) 现在的孩子生活能力都很差。　　　　　　　　　　　　（　）

(4) 有的孩子都上小学了，还不会自己穿衣服。　　　　　　（　）

(5) 彼得认为这样的孩子将来长大了，不能适应竞争的社会。（　）

2. 听第二遍后回答问题。Listen again and answer the questions.

（1）为什么很多家长满足孩子的各种要求？

（2）现在的学校开始注意做什么工作？

（3）一家一个孩子将来会有什么问题？李玉认为怎么解决这个问题？

（4）以前中国人老了的时候，谁来照顾？

五、综合练习 Comprehensive exercises

1. 连线，组成短语。Match the words in the two columns to form phrases.

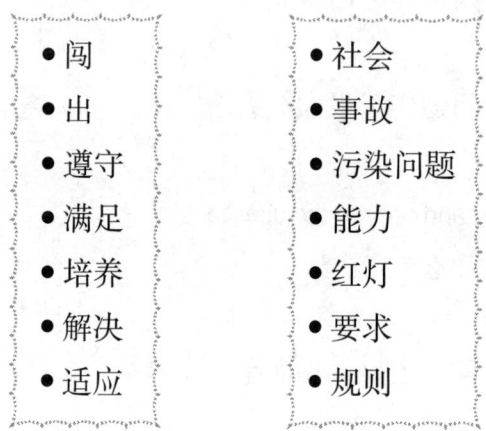

- 闯
- 出
- 遵守
- 满足
- 培养
- 解决
- 适应

- 社会
- 事故
- 污染问题
- 能力
- 红灯
- 要求
- 规则

2. 听句子，判断哪些是反问句。 ▶ 11'54"

Listen and decide which of the following sentences are rhetorical questions.

① （   ）　　② （   ）
③ （   ）　　④ （   ）
⑤ （   ）　　⑥ （   ）
⑦ （   ）　　⑧ （   ）
⑨ （   ）

3. 听句子，判断哪些是表示不满的句子。 ▶ 13'21"

Listen and decide which of the following sentences indicate one's dissatisfaction.

① （   ）　　② （   ）
③ （   ）　　④ （   ）

⑤ ( )　　　　⑥ ( )
⑦ ( )　　　　⑧ ( )
⑨ ( )　　　　⑩ ( )

六、泛听练习　Extensive listening　▶ 14'45"

听后回答问题。Listen and answer the questions.

1. 玛丽排队买票的时候，发生了什么事？
2. 玛丽跟老师谈了这件事以后还生气吗？为什么？

第十三课

天气　季节
Weather and Season

一、生词　New words 8"

1.	短袖	duǎn xiù		short-sleeved
2.	衬衫	chènshān	（名）	shirt
3.	长袖	cháng xiù		long-sleeved
4.	恐怕	kǒngpà	（副）	I'm afraid
5.	平均	píngjūn	（动）	average
6.	避暑	bì//shǔ	（动）	spend a holiday at a summer resort
7.	行李	xíngli	（名）	luggage
8.	外套	wàitào	（名）	coat
9.	干燥	gānzào	（形）	dry
10.	暖气	nuǎnqì	（名）	central heating system
11.	皮肤	pífū	（名）	skin
12.	刚	gāng	（副）	just
13.	湿润	shīrùn	（形）	moist
14.	寒带	hándài	（名）	frigid zone
15.	加湿器	jiāshīqì	（名）	humidifier
16.	晒	shài	（动）	(of the sun) shine upon
17.	沙尘	shāchén	（名）	sandstorm
18.	结束	jiéshù	（动）	finish
19.	选择	xuǎnzé	（动）	choose
20.	差别	chābié	（名）	difference
21.	犹豫	yóuyù	（形）	hesitate
22.	闷热	mēnrè	（形）	sultry

23.	漫长	màncháng	(形)	long
24.	寒冷	hánlěng	(形)	cold
25.	冬泳	dōngyǒng	(动)	swim in winter
26.	冰灯	bīngdēng	(名)	ice lantern

二、格式与范句　Patterns and examples

1 才　just

"才"后边加上数量词，表示说话人认为数量少或时间短。

A quantifier is used after 才, meaning the speaker thinks the quantity is small or time is short.

① 今天才来了12个人。
② 这么厚的词典才20块钱，不贵。
③ 他每个星期才学两次汉语。
④ 我才花一个小时就做完了作业。

2 宁愿……也……　would rather...than...

表示比较两方面的利害得失后选择某一方面，也可以表示在两件不很满意的事或对自己不利的事中，选择其一。

It is used to denote making a choice after measuring the prons and cons. It is also used to denote making a choice out of two options both are unsatisfactory or not in favor of oneself.

① 我宁愿在城里住小一点儿的房子，也不愿意到郊区住大房子。
② 我宁愿饿着，也不吃这么辣的菜。
③ 大卫宁愿压力大一些，也要去水平高的汉语班。
④ 小王宁愿春节不回家，也要等着跟那个女孩儿见面。

3 够……的　quite

副词"够"表示达到说话人认为很高的程度，用在形容词前。

The adverb 够 is used as an adverb in front of an adjective to denote the speaker feels it is a high level.

① 这东西真够贵的!

② 虽然他这次没有考好,但是已经够努力的了。

③ 你家离学校够远的。

④ 办这个手续真够麻烦的!

4 即使……也…… even if

"即使"是连词,多用于前一分句,意思是暂且承认假定的情况,然后转入本来的意思。后一分句常用"也"。相当于口语的"就是……也……"。

即使 is a conjunction mostly used in the first clause, meaning although the speaker admits an assumption is right, he or she still sticks to the original idea. In the second clause, 也 is often used. It is equivalent to 就是……也…… in oral Chinese.

① 即使天气不好,也一定要去!

② 即使你不说,我也知道。

③ 不用给他打电话,即使他来了也没办法。

三、热身练习 Warm-up exercises

1. 朗读词语。 Read aloud the following words and expressions. ▶ 1'18"

(1) 平均   (2) 干燥   (3) 寒带
    平均气温   空气干燥   寒带地区
    平均分数   皮肤干燥   寒带气候
    平均收入   气候干燥   寒带植物

(4) 晒   (5) 结束   (6) 选择
    晒太阳   结束工作   选择学校
    晒衣服   结束学习   选择道路
    晒黑了   会议结束了   没有选择

天气 季节
Weather and Season 13

(7) 差别　　　　　　　　(8) 犹豫
　　差别很大　　　　　　　　一直犹豫
　　没有差别　　　　　　　　不要犹豫
　　有一点儿差别　　　　　　犹豫不决

2. 用本课生词回答问题。Answer the questions using the new words in this lesson.
  (1) 二十多个生词，你只看一遍记得住吗？
  (2) 为什么夏天的时候很多中国人喜欢去北方旅游？
  (3) "哈！太好啦！从今天开始家里就暖和了。"这可能是因为什么？
  (4) 女孩子为什么都不喜欢干燥的天气？
  (5) 太干燥的时候，房间里可以用什么？
  (6) 在中国，女孩子夏天出门常常打伞，为什么？
  (7) 他一直不能决定去还是不去，他在——
  (8) 今天虽然没有太阳，但是一动就出汗。今天的天气怎么样？

3. 听句子，回答问题。Listen to the sentences and answer the questions. 3'8"
  (1) 她为什么回来？
  (2) 一共有多少个苹果？
  (3) 她为什么不喜欢这里的冬天？
  (4) 她为什么怕热不怕冷？
  (5) 她为什么讨厌春天？
  (6) 她为什么犹豫？
  (7) 她去哈尔滨干什么？

4. 听后用"A 比 B……得多 / 多了 / 一点儿 / 具体数字"复述对话。 ▶ 4'15"
Listen and retell the dialogues using A 比 B……得多 / 多了 / 一点儿 / number.

① A：新换的班怎么样？
　 B：_____。

② A：你好！好久不见！
　 B：_____。

③ A：你觉得买哪种好？
　 B：_____。

④ A：你家乡的天气怎么样？
　 B：_____。

5. 听后用"才"复述对话。Listen and retell the dialogues using 才. ▶ 5'5"

① A：今天的作业完成了多少？
　 B：_____。

② A：那个公司一个月能拿多少钱？
　 B：_____。

③ A：我们班有 25 个人。
　 B：_____。

④ A：你去过中国哪些地方？
　 B：_____。

6. 听后复述句子。Listen and retell the sentences. ▶ 5'48"

(1)　　　　　　　(2)　　　　　　　(3)
(4)　　　　　　　(5)　　　　　　　(6)
(7)　　　　　　　(8)　　　　　　　(9)

天气 季节
Weather and Season 13

四、听课文做练习 Exercises based on the texts

课文一 Text 1 6'48"

1. 听第一遍后判断对错。 Listen and decide whether the statements are true or false.

(1) 玛丽只带了短袖衣服。 （   ）
(2) 这里比承德气温高。 （   ）
(3) 彼得带了一件长袖衬衫和一件薄外套。 （   ）
(4) 承德的夏天很凉快。 （   ）
(5) 玛丽答应帮彼得拿行李。 （   ）

2. 听第二遍后回答问题。 Listen again and answer the questions.

(1) 彼得和玛丽在谈什么？
(2) 跟这里比，承德的平均气温怎么样？
(3) 他们打算去玩儿多长时间？

课文二 Text 2 8'20"

1. 听第一遍后判断对错。 Listen and decide whether the statements are true or false.

(1) 安娜对这里的生活很习惯。 （   ）
(2) 小王的家乡不在这儿。 （   ）
(3) 小王也一直不习惯这里的冬天。 （   ）
(4) 安娜的国家很冷。 （   ）
(5) 来暖气以后比来暖气以前干燥。 （   ）

2. 听第二遍后回答问题。 Listen again and answer the questions.

(1) 他们聊天儿的时候是什么季节？
(2) 安娜对什么方面不习惯？为什么？
(3) 小王为什么"刚来的时候也不习惯"？

（4）来暖气以后屋子里有什么变化？
（5）小王跟安娜有什么不一样？
（6）太干燥的时候，安娜觉得哪些方面受不了？
（7）小王给安娜什么建议？

课文三 Text 3   9'44"

1. 听第一遍后判断对错。 Listen and decide whether the statements are true or false.

（1）大卫比较胖。   （ ）
（2）现在是七八月份。   （ ）
（3）司机不喜欢刮大风的天气。   （ ）
（4）大卫的国家春天经常刮大风。   （ ）

2. 听第二遍后回答问题。 Listen again and answer the questions.

（1）大卫最不喜欢什么季节？为什么？
（2）司机喜欢夏天吗？为什么？
（3）司机喜欢冬天吗？为什么？
（4）大卫受不了什么天气？

课文四 Text 4   11'20"

1. 听第一遍后判断对错。 Listen and decide whether the statements are true or false.

（1）这学期结束以后木村要回国。   （ ）
（2）公司同意木村留在中国继续学习。   （ ）
（3）长春比广州冷得多。   （ ）
（4）木村以前一直生活在比较冷的地方。   （ ）
（5）木村担心广州的夏天太闷热。   （ ）

13 天气 季节
Weather and Season

2. 听第二遍后回答问题。Listen again and answer the questions.

(1) 学完汉语以后木村打算在哪儿工作？

(2) 李玉为什么说木村去长春比较合适？

(3) 木村怎么知道广州和长春的平均气温？

(4) 广州的夏天怎么样？

(5) 对于去广州工作，木村都有哪些担心？

五、综合练习　Comprehensive exercises

1. 听后复述句子。Listen and retell the sentences. ▶ 13'45"

(1)　　　　(2)　　　　(3)

(4)　　　　(5)　　　　(6)

(7)　　　　(8)　　　　(9)

(10)　　　 (11)　　　 (12)

(13)　　　 (14)

2. 填出你知道的关于气候和服装的词。

Fill in the words you know about weather, climate and clothes.

气候					
服装					

3. 听后判断是什么季节。Listen and tell what season it is. ▶ 15'53"

① (　　) 　② (　　) 　③ (　　)

六、泛听练习　Extensive listening ▶ 16'50"

1. 听后选择正确答案。Listen and choose the correct answers. ▶ 18'36"

① A. 春季　　　B. 夏季　　　C. 秋季　　　D. 冬季
② A. 春季　　　B. 夏季　　　C. 秋季　　　D. 冬季
③ A. 34℃　　　B. 37.8℃　　C. 19.6℃　　D. 42.6℃
④ A. 34℃　　　B. 37.8℃　　C. −19.6℃　 D. −42.6℃

2. 听后回答问题。Listen and answer the questions.

（1）哈尔滨的春天为什么很干燥？
（2）请介绍一下哈尔滨的夏天。
（3）说一说哈尔滨的冬天人们都有哪些活动。
（4）什么样的人会参加冬泳？

第十四课

谈 计 划
Talking about Plans

一、生词 New words 6"

1.	终于	zhōngyú	（副）	at last
2.	正常	zhèngcháng	（形）	normal; ordinary; regular
3.	聚餐	jù // cān	（动）	dine together; have a dinner party
4.	留	liú	（动）	keep; save
5.	通宵	tōngxiāo	（名）	all night long; overnight; the whole night
6.	补（觉）	bǔ (jiào)	（动）	make up
7.	实在	shízài	（副）	honestly; really
8.	睡懒觉	shuì lǎnjiào		sleep in
9.	滋味	zīwèi	（名）	relish; taste; flavour
10.	补习班	bǔxíbān	（名）	extracurricular class
11.	痛快	tòngkuài	（形）	to one's great satisfaction; joyful
12.	各奔东西	gè bèn dōng xī		depart; drift apart
13.	催	cuī	（动）	hasten; hurry; press
14.	成家	chéng // jiā	（动）	get married
15.	高级	gāojí	（形）	advanced; high-ranking; senior
16.	会计师	kuàijìshī	（名）	accountant
17.	享福	xiǎng // fú	（动）	enjoy life
18.	辈子	bèizi	（名）	lifetime
19.	火锅	huǒguō	（名）	chafing dish
20.	本来	běnlái	（副）	at first; originally
21.	答应	dāying	（动）	agree; promise
22.	旅途	lǚtú	（名）	travel

23. 享受　　xiǎngshòu　　（动）　enjoy
24. 坚持　　jiānchí　　　（动）　stick to

二、格式与范句　Patterns and examples

1 哪儿／谁／什么／怎么／……＋都／也＋不／没……

"哪儿／谁／什么／怎么／……＋都／也＋不／没……"是一种表示强调否定的方法。这里"哪儿、谁、什么、怎么"不表示疑问，而表示在一定范围内所有的地方、人、事物、方法。

哪儿／谁／什么／怎么／……＋都／也＋不／没…… is used for negative emphasis. Here, 哪儿／谁／什么／怎么 is not to ask questions, but to denote all the places, people, things or methods.

① 昨天下雨，我睡了一天的觉，哪儿都没去。
② 刚到中国留学的时候，我谁都不认识。
③ 我今天不舒服，什么都不想吃。
④ 这件事你怎么办都行，我没意见。

2 要不

"要不"的意思是"如果不这样"，表示对前边说过的情况作假设的否定，引出假设的结果。口语中常用。

要不 means "otherwise" and is used to negate the hypothesis mentioned before and introduce the result of the hypothesis. It is often used in spoken Chinese.

① 我得赶紧走了，要不就迟到了。
② 他一定很努力，要不怎么能学得这么好呢？
③ 你多穿点儿衣服吧，要不会感冒的。
④ 给你妈妈打个电话吧，要不她会担心的。

3 车到山前必有路

俗语，比喻事到临头，总会有解决的办法。

It is a proverb. It is allegorically used to mean there is always a way out when something comes up.

① A：下星期就要比赛了，可我们队的人还不够呢，怎么办呀？
  B：放心吧，车到山前必有路嘛。
② A：我没带身份证，到上海以后能住饭店吗？
  B：别着急，车到山前必有路。
③ A：快毕业了，可我的论文还没写完呢，急死我了。
  B：急什么呀？车到山前必有路。

4 ……谁／哪儿／怎么／什么／……，……谁／哪儿／怎么／什么／……

这个句式中前后用相同的两个疑问代词，前一个表示在一定范围里的任何一个，有待确定，后一个则表示前边确定下来的那一个。

In this sentence pattern, two interrogative pronouns are used in succession with the first one referring to anyone or anything in a certain scope. What is referred to by the second one is decided by the first one.

① 谁最后一个吃完谁洗碗。
② 她喜欢热闹，哪儿人多，她就去哪儿。
③ 我要跟你一起去，你怎么去，我就怎么去。
④ 到了我们家，你就别客气，想吃什么就吃什么。

三、热身练习 Warm-up exercises

1. 朗读词语。Read aloud the following words and expressions. ▶ 1'17"

(1) 终于
  终于到了
  终于结束了
  终于找到了
  终于明白了

(2) 留
  留言
  留话
  留头发
  留胡子

(3) 滋味
  甜酸的滋味
  爱情的滋味
  没钱的滋味
  睡懒觉的滋味

(4) 痛快　　　　　　(5) 高级　　　　　　(6) 辈子
　　痛痛快快　　　　　高级班　　　　　　一辈子
　　痛快地玩儿　　　　高级汉语　　　　　半辈子
　　痛快地答应　　　　高级会计师　　　　这辈子
　　吃个痛快　　　　　高级工程师　　　　下辈子

(7) 婚礼　　　　　　(8) 享受
　　传统婚礼　　　　　享受生活
　　中式婚礼　　　　　享受美餐
　　参加婚礼　　　　　享受快乐
　　举行婚礼　　　　　享受免费服务

2. 听句子，写出刚学过的生词。Listen and write down the new word in each sentence. ▶ 3'39"

(1) _____　　(2) _____
(3) _____　　(4) _____
(5) _____　　(6) _____
(7) _____　　(8) _____
(9) _____　　(10) _____

3. 根据提示，听后复述句子。Listen and retell the sentences according to the cues. ▶ 5'46"

(1) 除了家和学校，_____。（几乎）
(2) _____，看累了再睡觉。（通宵）
(3) 我得多挣点儿钱，_____？（要不）
(4) 我辛辛苦苦做的菜，_____？（总得）
(5) 你也该成个家了，_____。（大手大脚）
(6) 12点了，没有地铁了，_____。（只好）
(7) _____，见面的机会就少了。（各奔东西）

4. 听后选择正确答案。Listen and choose the correct answers. ▶ 6'58"

① A. 会说　　　　B. 不太会说　　　　C. 会说一点儿　　　　D. 不会说

2 A. 一天　　　　B. 一周　　　　C. 六周　　　　D. 很长时间

3 A. 吃大餐　　　B. 旅游　　　　C. 看电影　　　D. 逛街

4 A. 酸的　　　　B. 甜的　　　　C. 辣的　　　　D. 咸的

5 A. 明天是大卫的生日　　　　B. 安娜明天下午去买东西
   C. 安娜不认识大卫　　　　　D. 安娜明天晚上要去参加大卫的生日晚会

6 A. 旅行　　　　B. 开会　　　　C. 逛街　　　　D. 看朋友

四、听课文做练习　Exercises based on the texts

课文一　Text 1

1. 听第一遍后判断对错。Listen and decide whether the statements are true or false.

(1) 李菲和王南是同班同学。　　　　　　　　　　　　　　　(　　)
(2) 高考今天结束了。　　　　　　　　　　　　　　　　　　(　　)
(3) 李菲不知道同学们聚餐的饭馆在哪儿,所以她不去了。　　(　　)
(4) 今天晚上王南不打算睡觉了。　　　　　　　　　　　　　(　　)
(5) 下个星期李菲要去报名学习开车。　　　　　　　　　　　(　　)
(6) 王南觉得李菲应该学学做家务什么的。　　　　　　　　　(　　)

2. 听第二遍后回答问题。Listen again and answer the questions.

(1) 李菲为什么要把自己的头发留长?
(2) 过去这一年,李菲经常睡懒觉吗?
(3) 王南在这个假期里想做什么?
(4) 李菲为什么不能跟王南一起去旅行?
(5) 李菲想报名参加英语补习班吗?为什么?

课文二　Text 2

1. 听后连线。Match the persons in the left column with the expressions in the right column.

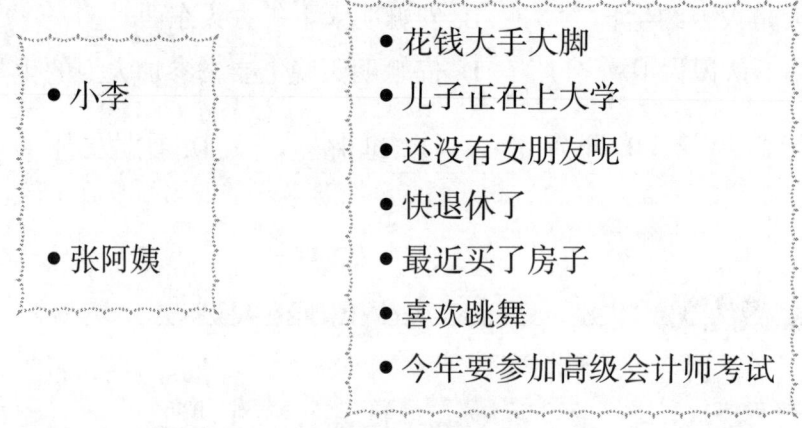

- 小李

- 张阿姨

  - 花钱大手大脚
  - 儿子正在上大学
  - 还没有女朋友呢
  - 快退休了
  - 最近买了房子
  - 喜欢跳舞
  - 今年要参加高级会计师考试

2. 听后回答问题。Listen and answer the questions.

（1）小李为什么买离单位比较远的房子？

（2）小李为什么买房子？

（3）张阿姨为什么羡慕小李？

（4）小李想换工作吗？为什么？

（5）张阿姨的儿子大概多大了？张阿姨对他有什么希望？

（6）张阿姨退休以后的生活可能是什么样的？

课文三　Text 3

1. 听第一遍后判断对错。Listen and decide whether the statements are true or false.

（1）国庆节休假小刘要回青岛看妈妈。　　　　　　　　　　（　）

（2）小刘的妈妈去杭州时可能会买丝绸和茶叶。　　　　　　（　）

（3）今年国庆节小王休息五天。　　　　　　　　　　　　　（　）

（4）小王是个大夫。　　　　　　　　　　　　　　　　　　（　）

（5）小王觉得做饭很简单。　　　　　　　　　　　　　　　（　）

2. 听第二遍后回答问题。Listen again and answer the questions.

(1) 小王为什么给小刘打电话？

(2) 小刘能去小王家聚会吗？为什么？

(3) 聚会的时候小王打算请大家吃什么？为什么？

(4) 小王喜欢爬山吗？他为什么4号不去爬山了？

(5) 小王5号打算做什么？

五、综合练习　Comprehensive exercises

1. 听后判断哪些是有关计划、安排的句子。 ▶ 16'50"

Listen and decide which sentences are about the plans or arrangement.

1 ( )		2 ( )	
3 ( )		4 ( )	
5 ( )		6 ( )	
7 ( )		8 ( )	
9 ( )		10 ( )	

2. 说一说你这个周末的计划。Talk about your plans for this weekend.

六、泛听练习　Extensive listening

泛听一　Extensive listening 1　▶ 18'35"

请你说一说什么叫"计划赶不上变化"。

Please explain the meaning of 计划赶不上变化.

泛听二　Extensive listening 2　▶ 19'55"

1. 听后回答问题。Listen and answer the questions.

(1) 这几年张阳为什么胖了？

（2）她的体重长了多少斤？

（3）张阳为什么开始减肥？

（4）张阳每天都按照减肥食谱吃饭吗？

（5）两个月后她减了多少斤？

2. 听后填表。Listen and fill in the blanks.

张阳的减肥食谱				
早餐				
午餐				
晚餐				

第十五课

工作 职业
Jobs and Occupations

一、生词 New words 🔊 8"

1.	辞职	cí//zhí	（动）	resign
2.	领导	lǐngdǎo	（名）	leader
3.	架子	jiàzi	（名）	air
4.	无聊	wúliáo	（形）	boring
5.	发展	fāzhǎn	（动）	develop
6.	发挥	fāhuī	（动）	bring into play
7.	能力	nénglì	（名）	capability
8.	烦	fán	（形）	annoying; annoyed
9.	毕业	bì//yè	（动）	graduate
10.	研究生	yánjiūshēng	（名）	postgraduate (student)
11.	公司	gōngsī	（名）	company
12.	消息	xiāoxi	（名）	news
13.	面试	miànshì	（动）	interview
14.	挑剔	tiāoti	（动）	picky; choosy
15.	理想	lǐxiǎng	（形）	ideal
16.	后悔	hòuhuǐ	（动）	regret
17.	职业	zhíyè	（名）	profession
18.	律师	lǜshī	（名）	lawyer
19.	体面	tǐmiàn	（形）	decent
20.	通过	tōngguò	（动）	pass
21.	法律	fǎlǜ	（名）	law
22.	尊重	zūnzhòng	（动）	respect

23.　翻译　　　fānyì　　　（动）　　translate; interpret
24.　音乐　　　yīnyuè　　　（名）　　music
25.　园艺师　　yuányìshī　　（名）　　gardener

二、格式与范句　Patterns and examples

1 V.＋得／不＋可能补语　　V. + 得/不 + Probable Complement

动词后面加上"得"或者"不",再加上表示结果、趋向的动词、形容词等,表示有能力或者没有能力做某事。

得 or 不 is used after a verb and followed by a verb or an adjective denoting outcome or tendency, meaning someone has or does not have the ability to do something.

① 从我房间的窗户看得见他家。

② 这件事我跟你说不清楚,你还是去问他吧。

③ 司机说的话我一点儿也听不明白。

2 好／不好＋V.

"好"在动词前边表示"容易","不好"在动词前边表示"不容易"。

好 is used in front of a verb to denote "easy"; 不好 is used in front of a verb to denote "not easy".

① 这个问题好回答。

② 这个菜不好做。

③ 下雨的时候这条路特别不好走。

3 得……才行　should; only if...

这个格式表示一定要满足某种条件才可以。

This pattern is used to denote that a condition has to be met as a prerequisite.

① 要学好汉语，得多听多说才行。

② 我没带钱，得先回宿舍取钱才行。

③ 他病得比较厉害，得打针才行。

4 别……了 not to

这个格式表示禁止或劝阻，跟"不要"的意思一样，多用于祈使句中。

This pattern is used to show forbiddance or dissuasion. It is the same as 不要 and mostly used in an imperative sentence.

① 已经很晚了，你别回去了，就住在我家吧。

② 这么多人看着你呢，别哭了。

③ 您别忙了，我自己来。

三、热身练习 Warm-up exercises

1. 朗读词语。Read aloud the following words and expressions. 1'18"

(1) 发展
城市的发展
公司的发展
没有发展
发展很快

(2) 发挥
发挥能力
发挥水平
发挥想象
极大发挥

(3) 能力
很有能力
没有能力
能力很差
能力很强

(4) 毕业
大学毕业
研究生毕业
从学校毕业

(5) 消息
新消息
没有消息
好消息

(6) 体面
体面的职业
体面的工作
体面的衣服

(7) 通过
通过考试
通过面试
通过路口

2. 听句子,写出刚学过的生词。Listen and write down the new word in each sentence. ▶ 3'10"

(1) _____ (2) _____
(3) _____ (4) _____
(5) _____ (6) _____
(7) _____

3. 用本课生词回答问题。Answer the questions using the new words in this lesson.

(1) 他为什么不去公司上班?
(2) 为什么大家都不喜欢这个领导?
(3) 电影还没完,他怎么走了?
(4) 大学毕业以后他继续上学。
    问:现在他是——
(5) 他找女朋友的时候有很多要求。
    问:他是什么样的人?
(6) 他非常喜欢这个工作。
    问:对他来说这个工作怎么样?
(7) 她刚买了那件衣服,可是现在一点儿也不喜欢了。
    问:她心里怎么想?

4. 听句子, 判断对错。Listen and decide whether the statements are true or false. ▶ 4'28"

(1) 这个工作没意思。   (   )
(2) 他觉得这个职业不理想。   (   )
(3) 他很喜欢当翻译。   (   )
(4) 他对工作很挑剔。   (   )
(5) 他心里不舒服。   (   )
(6) 他现在是大学生。   (   )
(7) 她很挑剔。   (   )
(8) 他现在不在学校工作了。   (   )

工作　职业
Jobs and Occupations 15

5. 根据提示，听后复述对话。Listen and retell the dialogues according to the cues. ▶ 6′

① A：你怎么还不睡觉？
　B：_____。（得……才行）

② A：咱们走那条近路吧。
　B：_____。（好 / 不好+V.）

③ A：太远了吧？能看见吗？
　B：_____。（V. +得 / 不+可能补语）

④ A：现在上课！
　B：_____。（别……了）

⑤ A：他今天怎么这么高兴呀？
　B：_____。（通过）

⑥ A：那个男孩儿为什么不喜欢她？
　B：_____。（挑剔）

四、听课文做练习 Exercises based on the texts

课文一　Text 1 🎧 7′

1. 听第一遍后判断对错。Listen and decide whether the statements are true or false.

(1) 小王辞职了。　　　　　　　　　　　　　　　　（　）
(2) 小王觉得现在的工作工资太低。　　　　　　　　（　）
(3) 小王跟领导闹矛盾了。　　　　　　　　　　　　（　）
(4) 小王觉得现在的公司发展得不好。　　　　　　　（　）
(5) 小王正在找新的工作。　　　　　　　　　　　　（　）

2. 听第二遍后回答问题。 Listen again and answer the questions.

(1) 小王为什么辞职了？

(2) 小王找到新工作了吗？

(3) 小王希望找到什么样的工作？

(4) 玛丽对小王现在辞职怎么想？

(5) 你觉得"骑驴找马"是什么意思？

(6) 小王的妈妈对他辞职怎么想？

课文二 Text 2

1. 听第一遍后判断对错。 Listen and decide whether the statements are true or false.

(1) 小王一直没有找到新工作。　　　　　　　　　　（　　）

(2) 连一家公司都没有跟小王联系。　　　　　　　　（　　）

(3) 小王没有去面试。　　　　　　　　　　　　　　（　　）

(4) 大卫觉得小王一点儿也不挑剔。　　　　　　　　（　　）

(5) 刚毕业的研究生很容易找到工作。　　　　　　　（　　）

(6) 玛丽觉得小王的要求有点儿高。　　　　　　　　（　　）

2. 听第二遍后回答问题。 Listen again and answer the questions.

(1) 小王最近怎么样？

(2) 大卫为什么来看小王？

(3) 大卫觉得小王为什么一直找不到工作？

(4) 大卫对小王有什么建议？

(5) 小王后悔什么？

(6) 小王为什么后悔？

工作 职业
Jobs and Occupations 15

课文三 Text 3

1. 听第一遍后选择正确答案。Listen and choose the correct answers.

① A. 能说　　B. 体面　　C. 受尊重　　D. 好找工作

② A. 能说　　B. 要考试　　C. 太内向　　D. 不喜欢

③ A. 能说　　B. 体面　　C. 受尊重　　D. 好找工作

④ A. 律师　　B. 音乐老师　　C. 翻译　　D. 汉语老师

2. 听第二遍后回答问题。Listen again and answer the questions.

(1) 彼得为什么喜欢当律师？
(2) 当律师容易吗？
(3) 彼得学完汉语以后有什么打算？
(4) 安娜对职业的第一、第二、第三选择分别是什么？
(5) 安娜对翻译这个职业怎么想？
(6) 彼得为什么说安娜当汉语老师好找工作？

课文四 Text 4

1. 听第一遍后判断对错。Listen and decide whether the statements are true or false.

(1) 李玉的父母经常不在家。　　　　　　　　　　　　（　　）
(2) 父母不在家的时候，李玉很寂寞。　　　　　　　　（　　）
(3) 李玉不希望自己的孩子请朋友到家里玩儿。　　　　（　　）
(4) 李玉的父母工作很辛苦。　　　　　　　　　　　　（　　）
(5) 李玉不喜欢辛苦的工作。　　　　　　　　　　　　（　　）
(6) 李玉其实不想工作。　　　　　　　　　　　　　　（　　）

2. 听第二遍后回答问题。 Listen again and answer the questions.

（1）李玉请彼得做什么？

（2）李玉为什么请朋友到家里玩儿？

（3）李玉的父母为什么经常不在家？

（4）父母都不在家的时候，李玉感觉怎么样？

（5）在什么方面李玉不想跟父母一样？

（6）李玉对工作的"三个要求"是什么？

五、综合练习　Comprehensive exercises

1. 请说出你知道的职业。 Tell the occupations you know.

（1）　　　　　（2）　　　　　（3）

（4）　　　　　（5）　　　　　（6）

2. 听后复述句子。 Listen and retell the sentences.　▶ 14'17"

（1）　　　　　（2）　　　　　（3）

（4）　　　　　（5）　　　　　（6）

（7）　　　　　（8）　　　　　（9）

六、泛听练习　Extensive listening　▶ 15'30"

听后回答问题。Listen and answer the questions.

（1）他当了园艺师，为什么说"非常不容易"？

（2）他为什么要当园艺师？

（3）对他来说，找工作的时候最重要的是什么？

（4）他觉得园艺师是什么样的工作？

（5）为什么说园艺师也是很重要的工作？

第十六课

交 友
Making Friends

一、生词 New words 5"

1.	性格	xìnggé	(名)	character; personality
2.	外向	wàixiàng	(形)	extroverted
3.	发现	fāxiàn	(动)	find, discover
4.	开朗	kāilǎng	(形)	sanguine; cheerful; optimistic
5.	甜头	tiántou	(名)	benefit
6.	开心	kāixīn	(形)	delighted; happy
7.	干吗	gànmá	(代)	ask for the reason or purpose
8.	网友	wǎngyǒu	(名)	net pal
9.	博客	bókè	(名)	blog
10.	资料	zīliào	(名)	information; data
11.	血型	xuèxíng	(名)	blood type
12.	留言	liú//yán	(动、名)	leave a message; message
13.	骗子	piànzi	(名)	swindler; cheat
14.	心理	xīnlǐ	(名)	psychology
15.	具体	jùtǐ	(形)	concrete; specific
16.	笑话	xiàohua	(动)	laugh at
17.	缺少	quēshǎo	(动)	lack
18.	安全感	ānquángǎn	(名)	sense of security
19.	恶意	èyì	(名)	hostility
20.	内向	nèixiàng	(形)	introverted
21.	友好	yǒuhǎo	(形)	friendly
22.	主动	zhǔdòng	(副)	initiative

23. 对待　duìdài　（动）　　　　　treat
24. 公务员　gōngwùyuán　（名）　civil servant; public servant

二、格式与范句　Patterns and examples

1 ……不就行了吗？

"……不就行了吗？"是反问句，句子强调的是肯定的意思。"行"的意思是"可以"。

……不就行了吗？ is a rhetorical question used for affirmation. 行 means "all right", "O. K."．

① 你想学开车，去报名不就行了吗？
② 孩子没人看，找个保姆不就行了吗？
③ 电视坏了，找人来修理一下不就行了吗？
④ 你不喜欢那家公司，换个单位不就行了吗？

2 谁说……？

"谁说……？"是反问句，表示说话人对某种情况或说法持否定态度。多用于口语。

谁说……？ is a rhetorical question often used in spoken Chinese indicating one disagrees with or denies what the other party said.

① 谁说他睡着了？我们说的话他都听见了。
② 谁说他内向呀？跟我们在一起的时候，他话多着呢。
③ 谁说他生病了？刚才我还看见他在操场上踢球呢。
④ 谁说那家店的手机便宜呀？我在那儿买的比别的店还贵呢。

3 等……就……

"等……就……"表示到了将来某件事发生的时候，会得到一个结果。"等……"意思是"等到……的时候"。

16 交 友
Making Friends

It indicates that some result will be brought about when something happens. 等…… means 等到……的时候 (when).

① 等孩子毕业了，我就退休了。

② 等他回来，菜就凉了。

③ 等你下了班，商店就关门了。

④ 你一定要小心，等出了交通事故就晚了。

4 一方面……，另一方面……

"一方面……，另一方面……"是并列复句格式，表示两种以上的做法、原因、目的、条件和结果等同时存在。

一方面……，另一方面……is used in a coordinate compound sentence. It means that two or more ways of (doing things), reasons, aims, conditions or results exist at the same time.

① 我来中国，一方面想学点儿汉语，另一方面想在中国各地旅行。

② 要想减肥，你一方面要少吃主食，另一方面要多运动。

③ 他每天都去饭馆吃饭，一方面是因为他不会做饭，另一方面他也没有时间做。

④ 我喜欢交中国朋友，一方面可以多练习汉语，另一方面可以多了解中国。

三、热身练习 Warm-up exercises

1. 朗读词语。 Read aloud the following words and expressions. 1'13"

(1) 性格
性格特点
性格内向
性格外向
性格开朗

(2) 甜头
尝到了运动的甜头
尝到了攒钱的甜头
尝到了做买卖的甜头
尝到了交朋友的甜头

(3) 开心
吃得开心
玩儿得开心
聊得开心
过得开心

(4) 资料　　　　　(5) 缺少　　　　　(6) 友好
　　个人资料　　　　缺少朋友　　　　友好往来
　　历史资料　　　　缺少自信　　　　友好合作
　　图书资料　　　　缺少关爱　　　　友好关系
　　生活资料　　　　缺少安全感　　　友好活动

(7) 主动　　　　　(8) 对待
　　主动道歉　　　　对待子女
　　主动问候　　　　对待工作
　　主动学习　　　　对待生活
　　主动练习　　　　对待学习

2. 听句子，写出刚学过的生词。Listen and write down the new word in each sentence. ▶ 3'35"

(1)　　　　　　　　(2)
(3)　　　　　　　　(4)
(5)　　　　　　　　(6)

3. 用本课生词回答问题。Answer the questions using the new words in this lesson.

(1) 你认为哪种性格的人喜欢交朋友？
(2) 你认为哪种性格的人不太爱说话？
(3) 朋友不能接你的电话时，你怎么办？
(4) 学生写毕业论文以前，应该做什么？
(5) 在网上认识的朋友叫什么？
(6) 不说真话的人是——
(7) 性格跟什么有关系？
(8) 如果一个人总是爱着急、生气，他可以找什么人聊聊？

4. 听对话，回答问题。Listen to the dialogue and answer the questions. ▶ 4'48"

(1) 男的建议怎么去？

交友 Making Friends 16

(2) 男的觉得小王篮球打得怎么样？
(3) 王冬最近在忙什么呢？
(4) 男的想什么时候走？
(5) 男的认为 A 型血的人性格怎么样？
(6) 女的为什么让男的再给玛丽打个电话？
(7) 男的为什么找不到小王的家？

5. 听后复述句子。Listen and retell the sentences. ▶ 6'13"

(1)　　　　　　　　　　(2)
(3)　　　　　　　　　　(4)
(5)　　　　　　　　　　(6)
(7)　　　　　　　　　　(8)

四、听课文做练习　Exercises based on the texts

课文一　Text 1　 ▶ 7'29"

1. 听第一遍后判断对错。Listen and decide whether the statements are true or false.

(1) 前几天大卫去新疆旅行了。　　　　　　　　　　（　　）
(2) 大卫性格外向，喜欢交朋友。　　　　　　　　　（　　）
(3) 大卫和小王是在学校里认识的。　　　　　　　　（　　）
(4) 刚来中国的时候，大卫看不懂中文菜单。　　　　（　　）
(5) 小王又给大卫介绍了一家新的饭馆。　　　　　　（　　）
(6) 大卫有一个中国女朋友。　　　　　　　　　　　（　　）

2. 听第二遍后回答问题。Listen again and answer the questions.

(1) 大卫去内蒙古旅行的时候发现了什么？
(2) "多一个朋友多一条路"是什么意思？
(3) 大卫现在过得很开心，为什么？

（4）这个周末小王和大卫要去做什么？

（5）大卫为什么不愿意回英国去了？小王有什么建议？

课文二 Text 2

1. 听第一遍后判断对错。 Listen and decide whether the statements are true or false.

（1）小华跟网友聊天儿的时候，姐姐进来了。　　　　　　　　（　）

（2）王大朋的爱好跟小华的差不多。　　　　　　　　　　　　（　）

（3）小华不知道王大朋是干什么的。　　　　　　　　　　　　（　）

（4）小华今年 24 岁。　　　　　　　　　　　　　　　　　　（　）

（5）小华认识的网友不多。　　　　　　　　　　　　　　　　（　）

（6）王大朋是个大骗子，所以姐姐不同意小华给他留手机号码。（　）

（7）小华认为王大朋不是骗子。　　　　　　　　　　　　　　（　）

（8）姐姐让小华小心一点儿。　　　　　　　　　　　　　　　（　）

2. 听第二遍后填表。 Listen again and fill in the blanks.

王大朋的个人资料

姓名	
性别	
身高	
血型	
爱好	

课文三 Text 3

1. 听后回答问题。 Listen and answer the questions.

（1）小张的性格怎么样？

(2) 现在同学们常常跟小张开玩笑吗？为什么？

(3) 同学们跟他开玩笑的时候，小张会有什么想法？

(4) 小张为什么不相信同学们是友好的？

(5) 小张自己认为他没有朋友的原因是什么？

2. 听后填空。Listen and fill in the blanks.

医生告诉小张，一方面应该试着＿＿＿＿＿＿，别人跟他开玩笑的时候，＿＿＿＿＿＿，＿＿＿＿＿＿对待别人的玩笑；另一方面，别人需要帮助的时候，他如果能＿＿＿＿＿＿，就更好了。这样同学们就会知道＿＿＿＿＿＿，他们也会喜欢跟他说话，＿＿＿＿＿＿了。

五、综合练习 Comprehensive exercises

回答问题。Answer the questions.

(1) 你是什么血型？

(2) 你是什么性格的人？

(3) 你认为血型和性格有关系吗？

(4) 你喜欢交朋友吗？你喜欢跟什么样的人交朋友？

(5) 对你来说朋友重要吗？你认为有很多朋友好吗？为什么？

(6) 你认为"多一个朋友多一条路"这种说法对吗？

(7) 你认为用什么方法交朋友比较好？

(8) 你帮助过朋友吗？朋友帮助过你吗？

六、泛听练习 Extensive listening 14'43"

听后判断对错。Listen and decide whether the statements are true or false.

(1) 说话人是国家公务员，今年32岁。　　　　　　　　　　（　　）

(2) 结婚前，她有很多朋友，她们常常一起逛街什么的。　　（　　）

(3) 结婚以后她也常常和朋友在一起。　　　　　　　　　　（　　）

(4) 上星期她跟老公吵架了，她从家里跑了出去。　　　　（　）

(5) 她妈妈家也在这个城市。　　　　　　　　　　　　　（　）

(6) 离开家以后她没有地方可以去，就想起了朋友。　　　（　）

(7) 她给朋友打电话，可是没打通。　　　　　　　　　　（　）

(8) 朋友们没有告诉她他们换新号码了。　　　　　　　　（　）

(9) 她以前认为有朋友很重要。　　　　　　　　　　　　（　）

(10) 现在她认为她不需要朋友了。　　　　　　　　　　　（　）

第十七课

看房 租房
Looking for and Renting an Apartment

一、生词 New words 8"

1.	中介	zhōngjiè	（名）	agent
2.	朝	cháo	（介）	toward
3.	租金	zūjīn	（名）	rent
4.	居室	jūshì	（名）	apartment
5.	装修	zhuāngxiū	（动）	decorate
6.	楼层	lóucéng	（名）	floor
7.	视野	shìyě	（名）	view; horizon
8.	电器	diànqì	（名）	electrical appliance
9.	家具	jiājù	（名）	furniture
10.	合	hé	（副）	together; jointly
11.	租	zū	（动）	rent
12.	单独	dāndú	（副）	alone
13.	厨房	chúfáng	（名）	kitchen
14.	开玩笑	kāi wánxiào		make a joke
15.	客厅	kètīng	（名）	parlor; sitting room
16.	卧室	wòshì	（名）	bedroom
17.	卫生间	wèishēngjiān	（名）	bathroom
18.	平米	píngmǐ	（量）	square meter
19.	地铁	dìtiě	（名）	subway
20.	物业费	wùyèfèi	（名）	property management fee
21.	燃气费	ránqìfèi	（名）	gas fee
22.	免费	miǎn//fèi	（动）	free of charge

23.	脏	zāng	（形）	dirty
24.	付	fù	（动）	pay
25.	押金	yājīn	（名）	deposit
26.	退	tuì	（动）	reimburse; pay back

二、格式与范句　Patterns and examples

1 可……了　very...

这个格式用于强调某种性质或状态。句末有时也用"啦""呢"，常见于口语。

It is used to emphasize a certain characteristics or state with 啦 or 呢 at the end of the sentence. It is often used in spoken Chinese.

① 他的汉语可好了！
② 这附近的房子可贵了！
③ 听他这么说，我可生气了。

2 好几……　a couple of...

"好几"用在数量词、时间词前，表示数量多或时间长。

好几 is used in front of quantifiers or time words to denote a large amount or a long time.

① 已经好几个月没收到他的信了。
② 他学了好几年的汉语。
③ 我给他打了好几个电话，也没有找到他。

3 ……什么的　...and the like

用在一个成分或并列的几个成分之后，表示"……之类"或列举不尽的意思。

It is used after an element or several coordinate elements, meaning "...and the like" or "and so on".

① 周末我喜欢看电影什么的。
② 这房子里的东西经常坏，灯、水龙头什么的都坏过。
③ 他喜欢安静，休息的时候就打牌、下棋什么的，很少去外面。

4 不管……都…… no matter...

表示某种情况或行为的出现不受任何条件的限制。使用时有两种格式：一是"不管"与"多、怎么、谁、什么、哪儿"等疑问代词连用；二是"不管"与选择式的并列结构连用。

It is used to show that a certain kind of circumstance or behavior is not confined by any conditions. There are two patterns used: one is 不管 used together with an interrogative pronoun like 多，怎么，谁，什么, or 哪儿, etc.; the other is 不管 used together with an optional compound sentence.

① 不管你去哪儿，我都跟你在一起。
② 这个工作不管多难，你都得做。
③ 今天我身体不舒服，不管天气好不好都不想出去玩儿。

三、热身练习　Warm-up exercises

1. 朗读词语。 Read aloud the following words and expressions. 1'16"

(1) 付　　　　　　(2) 租　　　　　　(3) 朝
　　付学费　　　　　　租房子　　　　　　朝北
　　付房费　　　　　　租一居室　　　　　朝后
　　付押金　　　　　　租自行车　　　　　朝左

(4) 单独　　　　　(5) 退　　　　　　(6) 费
　　单独租房　　　　　退房(子)　　　　　物业费
　　单独旅游　　　　　退押金　　　　　　燃气费
　　单独吃饭　　　　　退票　　　　　　　免费

(7) 装修

　　装修房子

　　刚装修的

　　装修得很好

2. 用本课生词回答问题。Answer the questions using the new words in this lesson.

(1) 如果想租房，可以找什么公司？

(2) 租房的时候，什么样的房间比较暖和？

(3) 租房的钱叫什么？

(4) 有一个客厅、一个厨房、一个卫生间和三个卧室的房子叫什么？

(5) 在高层楼房可以看到很远的地方。

　　问：高层楼房有什么好处？

(6) 跟别人一起租房叫什么？

(7) 你住的房间有多大？

(8) 在这家餐厅喝咖啡可以不花钱。

　　问：在这家餐厅喝咖啡怎么样？

(9) 服务员还没给我押金。

　　问：服务员还没做什么？

3. 连线，组成动宾短语。Draw lines to match the verbs and the objects.

- 开
- 付
- 坐
- 租

- 地铁
- 玩笑
- 押金
- 房子

4. 听句子，判断对错。Listen and decide whether the statements are true or false. ▶ 2'50"

(1) 我不可能在这家中介公司租房。　　　　　　　　　　　　（　）

(2) 朝北的房子每个月的租金比朝南的房子贵。　　　　　　　（　）

(3) 我家窗户的视野不好。　　　　　　　　　　　　　　　　（　）

看房　租房
Looking for and Renting an Apartment 17

(4) 我们三个人一起住在一套三居室的房子里。　　　　（　　）

(5) 他家的厨房很小。　　　　　　　　　　　　　　　（　　）

(6) 房费里包括押金。　　　　　　　　　　　　　　　（　　）

四、听课文做练习　Exercises based on the texts

课文一　Text 1

1. 听第一遍后判断对错。Listen and decide whether the statements are true or false.

(1) 安娜看了两套房子。　　　　　　　　　　　　　　（　　）

(2) 第一套房子没有暖气，冬天太冷。　　　　　　　　（　　）

(3) 安娜看的房子都没有朝南的房间。　　　　　　　　（　　）

(4) 第二套房子比第一套高 22 层。　　　　　　　　　（　　）

(5) 第一套房子每个月 1500 块。　　　　　　　　　　（　　）

(6) 安娜还没决定要不要住在这里。　　　　　　　　　（　　）

2. 听第二遍后回答问题。Listen again and answer the questions.

(1) 安娜对第一套房子有什么不满意？

(2) 第二套房子为什么比第一套亮？

(3) 第二套房子为什么比第一套新？

(4) 第二套房子少了什么电器？

(5) 职员为什么说没有空调没关系？

(6) 安娜对第二套房子有什么不满意？

3. 听后说出两套房子的差别。

Listen and tell the differences between the two apartments.

课文二　Text 2

1. 听第一遍后选择正确答案。Listen and choose the correct answers.

① A. 朝北　　B. 太贵　　C. 不安静　　D. 没有厨房

② A. 合租　　B. 单独租　　C. 在学校里租　　D. 跟彼得一起租

③ A. 跟旁边的人谈谈　　　　B. 换一个宿舍
　　C. 租一套房子　　　　　　D. 多找几家中介公司

④ A. 能听音乐　　　　B. 可以做饭
　　C. 可以学习　　　　D. 可以睡觉

2. 听第二遍后判断对错。

Listen again and decide whether the statements are true or false.

(1) 安娜现在住在学校的宿舍里。　　　　　　　　　　(　)

(2) 安娜不想换宿舍。　　　　　　　　　　　　　　　(　)

(3) 安娜还没看过房。　　　　　　　　　　　　　　　(　)

(4) 彼得常常去安娜的宿舍吃饭。　　　　　　　　　　(　)

(5) 彼得要陪安娜去看房。　　　　　　　　　　　　　(　)

(6) 住在安娜旁边的人很喜欢音乐。　　　　　　　　　(　)

课文三　Text 3

1. 听第一遍后判断对错。

Listen and decide whether the statements are true or false.

(1) 这套房子不太大。　　　　　　　　　　　　　　　(　)

(2) 从这里去学校非常方便。　　　　　　　　　　　　(　)

(3) 从这儿到地铁站，路上要一个多小时。　　　　　　(　)

17 看房 租房
Looking for and Renting an Apartment

(4) 地铁附近的房子都比较贵。 （　）

(5) 这套房子的租金非常便宜。 （　）

2. 听第二遍后回答问题。Listen again and answer the questions.

(1) 一居室的房子有哪些房间？
(2) 这套房子离哪儿近？
(3) 这套房子离哪儿远？
(4) 从房子这儿可以怎么去学校？要多长时间？
(5) 这套房子的租金包括了什么费用？
(6) 这套房子的租金不包括哪些费用？
(7) 说说这套房子有哪些优点和缺点。

课文四　Text 4

1. 听第一遍后判断对错。Listen and decide whether the statements are true or false.

(1) 小王知道安娜想租房。 （　）
(2) 彼得和安娜在周末看了两套房子。 （　）
(3) 北边的房子离学校很近。 （　）
(4) 从东边的房子到学校，坐车只要10分钟。 （　）
(5) 东边的房子可以上网，可是得自己付钱。 （　）
(6) 安娜还没决定租哪一套。 （　）

2. 听第二遍后回答问题。Listen again and answer the questions.

(1) 安娜为什么还没租房子？
(2) 北边的房子有哪些好处？
(3) 北边的房子有什么不好？
(4) 东边的房子有什么好处？
(5) 东边的房子有什么不好的地方？
(6) 小王觉得哪套房子好？为什么？

五、综合练习　Comprehensive exercises

1. 说出你知道的电器和家具的中文名称。
Tell the electrical appliances and furniture you know.
电器：_____
家具：_____

2. 请你说一说租房子的时候应该注意哪些方面。
Tell what you should pay attention to when renting an apartment.

3. 听后复述句子。Listen and retell the sentences. ▶ 12'25"
(1)　　　　　　　　　(2)
(3)　　　　　　　　　(4)
(5)　　　　　　　　　(6)
(7)　　　　　　　　　(8)

六、泛听练习　Extensive listening

泛听一　Extensive listening 1 ▶ 13'40"

1. 听后填写看房时应该看哪些方面。
Listen and fill in that you should pay attention to when inspecting an apartment.

房子里边：第一，_____；
　　　　　第二，_____；
　　　　　第三，_____。
房子外边：第一，_____；
　　　　　第二，_____；
　　　　　第三，_____。

17 看房 租房
Looking for and Renting an Apartment

2. 听后连线。Listen and draw lines to match the words in the two columns.

- 大小
- 卧室
- 交通
- 设备
- 附近

- 有商店
- 好用
- 合适
- 方便
- 朝南

泛听二　Extensive listening 2　▶ 14'43"

听后回答问题。Listen and answer the questions.

(1) 老师可以在这里租房吗？为什么？
(2) 如果在这里租房，能不能在自己的房间里做饭？为什么？
(3) 租金中包括哪些费用？
(4) 哪些费用应该自己付？
(5) 除了租金以外还应该付什么钱？你觉得为什么要付这个钱？
(6) 什么情况下可以退押金？
(7) 如果提前退房会怎么样？

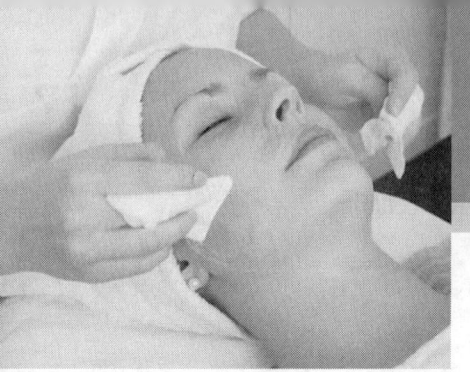

第十八课

美容 美体
Getting Beauty Treatments

一、生词 New words 7"

1.	效果	xiàoguǒ	（名）	effect
2.	美容	měiróng	（动）	cosmeticize
3.	按摩	ànmó	（动）	massage
4.	角质	jiǎozhì	（名）	cutin
5.	面膜	miànmó	（名）	facial mask
6.	测试	cèshì	（动）	test
7.	糟糕	zāogāo	（形）	too bad; terrible
8.	弹性	tánxìng	（名）	elasticity
9.	干性	gānxìng	（形）	dry
10.	缺	quē	（动）	lack of...
11.	油	yóu	（名）	oil
12.	改善	gǎishàn	（动）	improve
13.	补	bǔ	（动）	supplement
14.	化妆品	huàzhuāngpǐn	（名）	cosmetics
15.	保湿霜	bǎoshīshuāng	（名）	moisturizer
16.	节食	jiéshí	（动）	on diet
17.	项目	xiàngmù	（名）	item
18.	身材	shēncái	（名）	stature; figure
19.	针灸	zhēnjiǔ	（名）	acupuncture and moxibustion
20.	脂肪	zhīfáng	（名）	fat
21.	豆芽	dòuyá	（名）	bean sprout
22.	染	rǎn	（动）	dye; color

18 美容 美体
Getting Beauty Treatments

23. 烫　　tàng　　（动）　　perm
24. 拉　　lā　　（动）　　lift
25. 整容手术 zhěngróng shǒushù　　cosmetic surgery

二、格式与范句　Patterns and examples

1 非……不可　must

表示强烈的愿望和坚定的决心，意思相当于"如果不……就不行"。

It denotes strong desire and determination, meaning the same as 如果不……就不行.

① 不管你怎么说，反正我非去不可。
② 这些工作今天非完成不可。
③ 那个小孩一直哭，非让妈妈买巧克力不可。

2 并　actually

用在"没有、没、不"等否定词前面，加强否定语气，说明事实和原来所想的或和一般人所想的不同。

It is used before a negative word like 没有, 没 or 不 to emphasize the negative tone, showing the fact is different from what was previously thought or general opinions.

① 这个句子虽然长，但是并不难。
② 他并没有你想的那么坏。
③ 他只是开玩笑，并不是真的。

3 不是……而是……　not...but...

这个格式中，"而"表示转折关系，用来连接两个或两个以上的词组或分句，否定前者，肯定后者，有对比的意思。

In this pattern, 而 is used to indicate transition and to connect two or more phrases or clauses. It negates the former and affirms the latter by means of contrast.

① 昨天你看见的不是她，而是她姐姐。

② 这次他不是来学习的，而是来工作的。

③ 我不是不想跟他结婚，而是希望晚一点儿结婚。

4 像……一样　like...

这个格式表示"相同、比拟、类似"，可在句中做谓语、定语、补语、状语。

This pattern is used to indicate being "the same, analogous or similar" and can be used as a predicate, attribute, complement or adverbial modifier in a sentence.

① 他汉语说得非常好，像中国人一样。

② 王阿姨对我像对自己的儿子一样。

③ 天边有一团像火一样红的云。

三、热身练习　Warm-up exercises

1. 朗读词语。 Read aloud the following words and expressions.　▶ 1'16"

(1) 项目　　　　　　(2) 效果　　　　　　(3) 改善
　　体育项目　　　　　　有效果　　　　　　改善条件
　　比赛项目　　　　　　没有效果　　　　　改善环境
　　美容项目　　　　　　效果很好　　　　　改善关系
　　服务项目　　　　　　效果不好　　　　　改善生活

(4) 缺　　　　　　　(5) 测试　　　　　　(6) 拉
　　缺钱　　　　　　　　测试效果　　　　　拉手
　　缺人　　　　　　　　测试皮肤　　　　　拉窗帘
　　缺水　　　　　　　　口语测试　　　　　拉直头发

美容 美体
Getting Beauty Treatments 18

(7) 减肥
　　运动减肥
　　节食减肥
　　针灸减肥
　　减肥效果

(8) 弹性
　　很有弹性
　　没有弹性
　　弹性工作制

2. 听句子，写出刚学过的生词。 3'18"

Listen and write down the new word in each sentence.

(1)　　　　　　　　(2)
(3)　　　　　　　　(4)
(5)　　　　　　　　(6)
(7)　　　　　　　　(8)

3. 用本课生词回答问题。Answer the questions using the new words in this lesson.

(1) 她最近为什么吃得这么少？
(2) 他这次考试的成绩非常不好。
　　问：他考得怎么样？
(3) 他拉肚子，但是一吃这种药马上就好了。
　　问：这种药怎么样？
(4) 明天有个小考试，今天晚上我要复习。
　　问：他为什么要复习？
(5) 她的皮肤非常干燥。
　　问：她是什么样的皮肤？
(6) 他的头发以前是黑的，现在是黄的。
　　问：他的头发怎么了？

4. 把意思有关联的词语用线连起来。
Draw lines to match the words related to each other.

- 减肥
- 染头发
- 缺水
- 化妆品

- 烫头发
- 保湿霜
- 节食
- 干燥

5. 根据提示，听后复述句子。Listen and retell the sentences according to the cues. 5'

(1) _____，现在身体舒服多了。（按摩）

(2) 他去美国_____。（不是……而是……）

(3) 其实我来中国的时间不太长，_____。（并）

(4) 不管他同意不同意，我_____。（非……不可）

(5) 虽然她已经五十岁了，可是_____。（身材）

(6) 这孩子太瘦了，_____。（像……一样）

四、听课文做练习　Exercises based on the texts

课文一　Text 1

1. 听第一遍后判断对错。Listen and decide whether the statements are true or false.

(1) 中田和李佳好几个月没见了。　　　　　　　　　　　（　）

(2) 做美容的时候先洗脸，最后用面膜。　　　　　　　　（　）

(3) 中田也经常做美容，但是效果没有那么好。　　　　　（　）

(4) 李佳的皮肤比以前好。　　　　　　　　　　　　　　（　）

(5) 中田以前在中国的时候很少去美容院。　　　　　　　（　）

(6) 中国的美容院多了，跟经济的发展有关系。　　　　　（　）

美容　美体
Getting Beauty Treatments   18

2. 听第二遍后回答问题。Listen again and answer the questions.

(1) 为什么李佳现在的皮肤特别好？

(2) 李佳在美容院都做些什么？

(3) 中田为什么也想试试做美容了？

(4) 为什么现在中国的美容院比以前多了？

(5) 李佳为什么说去美容院得小心？

课文二 Text 2   8'18"

1. 听第一遍后判断对错。Listen and decide whether the statements are true or false.

(1) 中田以前没做过美容。　　　　　　　　　　　　　　　（　）

(2) 中田在美容院测试了皮肤。　　　　　　　　　　　　　（　）

(3) 中田的皮肤主要的问题是缺油。　　　　　　　　　　　（　）

(4) 美容院的人觉得中田用化妆品的方法不太好。　　　　　（　）

(5) 美容院的人希望中田常常去做美容。　　　　　　　　　（　）

(6) 中田打算以后一直去这家美容院做美容。　　　　　　　（　）

2. 听第二遍后回答问题。Listen again and answer the questions.

(1) 中田的皮肤有哪些问题？

(2) 有哪些方法可以改善中田的皮肤？

(3) 应该怎样使用保湿霜？

(4) 如果等皮肤完全干了再用保湿霜会怎么样？为什么？

(5) 李佳为什么懂得不少美容的方法？

(6) 美容院的人建议中田用什么样的面膜？

(7) 这种面膜跟一般的相比有什么不同？

(8) 那个美容师对中田有什么建议？

课文三 Text 3

1. 听第一遍后选择正确答案。 Listen and choose the correct answers.   12'40"

① A. 运动　　　B. 美容　　　C. 节食　　　D. 按摩

② A. 运动　　　B. 面膜　　　C. 美体　　　D. 节食

③ A. 脸更漂亮　B. 身体更健康　C. 胖一点儿　D. 瘦一点儿

④ A. 最少一次　B. 最少十次　C. 最少二十次　D. 最多十次

2. 听第二遍后回答问题。 Listen again and answer the questions.

(1) 李佳在美容院花了多长时间？为什么？

(2) 在美容院用什么样的方法减肥？

(3) 一般的减肥方法是什么？

(4) 小张觉得美容院能让身材更美吗？

(5) 李佳为什么开始减肥？

(6) 小张觉得太瘦的人怎么样？

(7) 李佳觉得小张为什么不希望她减肥？

五、综合练习 Comprehensive exercises

1. 听后复述句子，然后模仿完成句子。   13'46"

Listen and retell the sentences, and complete the sentences following the examples.

(1) 先_____，然后_____，还要_____，最后_____。

(2) 现在我每个星期去一次，不管_____，都非_____不可。

(3) 谁都_____。

(4) 去美容院也得小心，并不是所有的_____都_____。

(5) _____不是_____，而是_____。

(6) 要_____，还应该_____。

（7）除了_____以外，_____。
（8）_____怎么可能_____呢？
（9）如果_____就_____。
（10）_____，像_____一样，_____。

2. 说一说你对整容手术的看法。Tell your opinions on the cosmetic surgery.

六、泛听练习　Extensive listening

泛听一　Extensive listening 1　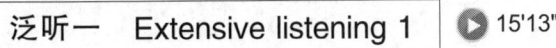 15'13"

1. 听后连线。Listen and draw lines to match the words.

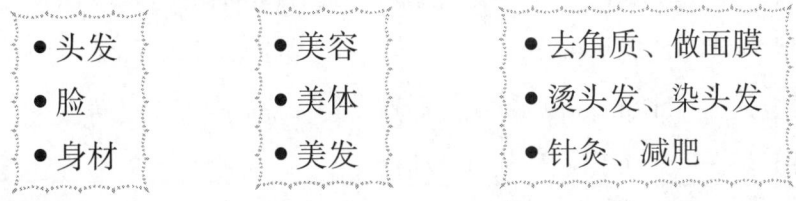

2. 听后回答问题。Listen and answer the questions.
（1）中田觉得中国有什么变化？
（2）越来越多的中国年轻人喜欢做什么？
（3）请分别说一说什么是美容、美体、美发。
（4）美容院里面怎么样？
（5）去美容院有哪些好处？
（6）老人们不明白什么？

泛听二　Extensive listening 2　 16'18"

听后回答问题。Listen and answer the questions.
（1）美英的朋友们觉得她最近怎么了？
（2）美英的什么地方变了？什么地方没变？
（3）美英为什么比以前漂亮了？

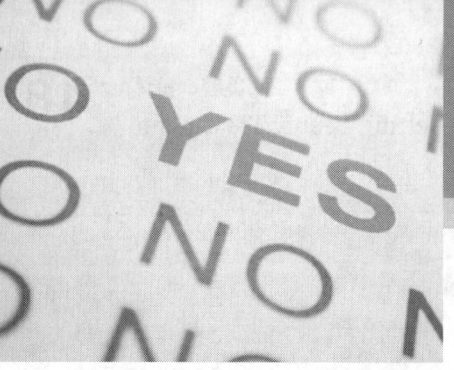

第十九课

解决矛盾
Resolving Conflicts

一、生词 New words 6"

1.	愁眉苦脸	chóu méi kǔ liǎn		look worried and depressed
2.	偏	piān	（副）	wilfully
3.	总之	zǒngzhī	（连）	in a word; in conclusion
4.	进入	jìnrù	（动）	turn into; enter into
5.	青春期	qīngchūnqī	（名）	adolescence
6.	逆反	nìfǎn	（形）	antagonistic
7.	自以为是	zì yǐ wéi shì		consider oneself always right
8.	成熟	chéngshú	（形）	mature
9.	说服	shuōfú	（动）	persuade
10.	加班	jiā//bān	（动）	overwork
11.	闹	nào	（动）	suffer from; be troubled by
12.	理	lǐ	（动）	pay attention to; heed
13.	表示	biǎoshì	（动）	express; show
14.	诚意	chéngyì	（名）	sincerity
15.	火	huǒ	（动）	be angry
16.	扔	rēng	（动）	throw away
17.	形容	xíngróng	（动）	describe
18.	郁闷	yùmèn	（形）	gloomy; melancholy; depressed
19.	发火	fā//huǒ(r)	（动）	get angry
20.	婆婆	pópo	（名）	husband's mother
21.	当时	dāngshí	（名）	then
22.	劝	quàn	（动）	persuade

23.	埋怨	mányuàn	（动）	blame; complain
24.	乱	luàn	（副）	random

二、格式与范句 Patterns and examples

1 自从……以来

表示从某时间开始一直到说话时的一段时间。

自从……以来 means "since".

① 自从放假以来，我还没痛痛快快地玩儿过呢。

② 自从他生病以来，已经瘦了十斤了。

③ 自从他们结婚以来，这还是第一次吵架。

④ 自从他的公司开业以来，生意一直很好。

2 偏

表示故意与他人的要求或客观情况相反。

偏 means to act against the objective situation or other people's wishes on purpose.

① 医生让他多休息，可他偏要带病上班。

② 妈妈做了面条，他偏要吃饺子。

③ 我不喜欢热闹，可他偏要我跟她一起去参加朋友的聚会。

④ 别人说这样做不行，我偏要试试。

3 这还不简单？

反问句，表示某事很容易做。

这还不简单？ is a rhetorical question, meaning that it is easy to do something.

① A：我恐怕没时间给你做午饭了，怎么办呀？

  B：这还不简单？我叫外卖就行了。

② A：小王，你看我的电脑又出问题了。

  B：这还不简单？我来帮你看看吧。

③ A：我想去爬山，可我还得陪女朋友。

B：这还不简单？让你女朋友和你一起去爬山不就行了吗？

4 哪儿啊，……

表示不同意对方的看法或说法，用于口语。

It is used in oral Chinese to express disagreement with what has been said by the other party.

① A：小张，那个小伙子是你的男朋友吧？

B：哪儿啊，他是我同学。

② A：你婆婆来了，能帮你不少忙吧？

B：哪儿啊，我婆婆身体不好，是来这儿看病的。

③ A：孩子怎么不高兴呀？你又跟他发火了吧？

B：哪儿啊，是他昨天买的光盘找不到了。

三、热身练习 Warm-up exercises

1. 听句子，写出刚学过的生词。Listen and write down the new word. ▶ 1'14"

(1)　　　　　　　　　　(2)

(3)　　　　　　　　　　(4)

(5)　　　　　　　　　　(6)

2. 用本课生词回答问题。Answer the questions using the new words in this lesson.

(1) 孩子什么时候开始有逆反心理？

(2) 为什么说人到18岁以后就是成人了？

(3) 如果妈妈不同意你的做法，你怎么办？

(4) 一个人认为自己的看法和做法都对，不听别人的意见，可以说他是一个什么样的人？

(5) 下班时间到了，可他还是不能回家，为什么？

(6) 人在很生气的时候，很容易怎么样？

(7) 人在很郁闷的时候，可能是什么样的表情？

(8) 没有计划地花钱，也可以说是——

解决矛盾
Resolving Conflicts **19**

3. 听对话，回答问题。Listen to the dialogue and answer the questions. 2'22"

(1) 他们多长时间没见面了？

(2) 老王的儿子现在学习成绩怎么样？

(3) 男的同意女的的看法吗？

(4) 小明为什么愁眉苦脸的？

(5) 男的认为要找到小王难吗？

(6) 女的买了什么颜色的衣服？

4. 听后复述句子。Listen and retell the sentences. 3'38"

(1)   (2)

(3)   (4)

(5)   (6)

(7)   (8)

四、听课文做练习 Exercises based on the texts

课文一 Text 1 4'58"

1. 听第一遍后判断对错。Listen and decide whether the statements are true or false.

(1) 老张的儿子大明是个小学生。（   ）

(2) 大明的学习成绩一直很好。（   ）

(3) 大明今年14岁了。（   ）

(4) 老张和儿子的想法总是不一样。（   ）

(5) 老张今天头疼，他感冒了。（   ）

(6) 老张第二次见到老李的时候，心情好极了。（   ）

2. 听第二遍后回答问题。Listen again and answer the questions.

(1) 老张为什么愁眉苦脸的？

(2) 大明的学习成绩从什么时候开始下降的？

(3) 老张最不希望儿子做的是什么？

(4) 老李给老张的建议是什么？

(5) 老张听了讲座以后是怎么做的？

课文二 Text 2 7'39"

1. 听第一遍后判断对错。Listen and decide whether the statements are true or false.

(1) 小王今天加班，所以回来晚了。　　　　　　　　　　　　　（　）

(2) 小王今天心情不好。　　　　　　　　　　　　　　　　　　（　）

(3) 小王和同事小陈的关系一直不好。　　　　　　　　　　　　（　）

(4) 小王喜欢小陈，所以买了一支笔送给小陈。　　　　　　　　（　）

(5) 小陈没有接受小王送的笔。　　　　　　　　　　　　　　　（　）

(6) 小李认为小王的脾气不好。　　　　　　　　　　　　　　　（　）

2. 听第二遍后回答问题。Listen again and answer the questions.

(1) 这两天小陈还理小王吗？为什么？

(2) 小李说应该谁先道歉？为什么？

(3) 小王是怎么道歉的？

(4) 小王今天为什么这么郁闷？

(5) 小李给小王出了什么主意？

课文三 Text 3 9'43"

1. 听第一遍后判断对错。Listen and decide whether the statements are true or false.

(1) 小李和小张下班后要去逛商店。　　　　　　　　　　　　　（　）

(2) 小张的婆婆帮小张照顾孩子。　　　　　　　　　　　　　　（　）

(3) 小张现在有点儿后悔请婆婆来帮着看孩子了。　　　　　　　（　）

(4) 小张给婆婆买了一件上衣，婆婆很高兴。　　　　　　　　　（　）

（5）小张老公希望小张下班后早点儿回家帮助妈妈做家务。　　（　　）

（6）小张决定以后不逛街了。　　（　　）

2. 听第二遍后回答问题。Listen again and answer the questions.

（1）今天小李为什么想去逛商店？

（2）小张为什么请婆婆来帮着照顾孩子？

（3）小张为什么后悔让婆婆来看孩子？

（4）小张为什么跟老公吵架？

（5）对自己和老公的矛盾，小张有什么解决的办法？

（6）关于小张和婆婆的矛盾，小李给小张出了什么主意？

五、综合练习　Comprehensive exercises

1. 听后判断哪些是与解决矛盾有关的句子。▶ 12'20"

Listen and decide which are the sentences about resolving conflicts.

① (　　)　② (　　)　③ (　　)　④ (　　)
⑤ (　　)　⑥ (　　)　⑦ (　　)　⑧ (　　)

2. 听后找出同意对方观点的句子。▶ 13'45"

Listen and find the sentences that show the speaker's agreement with the listener.

① B (　　)　　② B (　　)
③ B (　　)　　④ B (　　)
⑤ B (　　)　　⑥ B (　　)

六、泛听练习 Extensive listening ▶ 15'17"

1. 听后判断对错。Listen and decide whether the statements are true or false.

（1）很多夫妻都会吵架。　　（　　）

（2）英国女王维多利亚和丈夫吵架以后，维多利亚两天没理丈夫。　（　　）

(3) 吵架之后，维多利亚女王进不了卧室了。　　　　　（　　）

(4) 维多利亚女王敲了三次，门才打开。　　　　　　　（　　）

2. 回答问题。Answer the questions.

(1) 为什么维多利亚女王第三次敲门时，丈夫给她开了门？

(2) 你认为解决夫妻矛盾有什么好方法吗？

第二十课

文化习俗
Culture and Custom

一、生词 New words 7"

1.	老鼠	lǎoshǔ	（名）	mouse
2.	日历	rìlì	（名）	calendar
3.	属相	shǔxiàng	（名）	any of the twelve animals, representing the twelve Earthly Branches, used to symbolize the year in which a person is born
4.	代表	dàibiǎo	（动）	represent
5.	兔	tù	（名）	rabbit
6.	蛇	shé	（名）	snake
7.	猴	hóu	（名）	monkey
8.	礼尚往来	lǐ shàng wǎng lái		courtesy demands reciprocity
9.	终点	zhōngdiǎn	（名）	end
10.	分离	fēnlí	（动）	separate; leave
11.	吉利	jílì	（形）	lucky; auspicious
12.	成双成对	chéng shuāng chéng duì		in pairs
13.	装饰	zhuāngshì	（动）	decorate
14.	让座	ràng//zuò	（动）	offer (or give up) one's seat to sb.
15.	尴尬	gāngà	（形）	embarrassing
16.	承认	chéngrèn	（动）	acknowledge; admit
17.	入乡随俗	rù xiāng suí sú		when in Rome, do as the Romans do
18.	习俗	xísú	（名）	custom
19.	消除	xiāochú	（动）	eliminate; dispel

20.	相处	xiāngchǔ	（动）	get along with
21.	如实	rúshí	（副）	truthfully
22.	排列	páiliè	（动）	arrange; put in order
23.	答案	dá'àn	（名）	key; answer
24.	顺序	shùnxù	（名）	order; sequence
25.	人生	rénshēng	（名）	life

二、格式与范句 Patterns and examples

1 一……就是……

表示一旦做某事就会达到某个很多的数量。

一……就是…… expresses that once one does something, he does it to a certain extent in terms of quantity.

① 他每天都打篮球，一打就是三四个小时。

② 你每天上班，在办公室一坐就是8个小时，真该运动运动。

③ 这个工作我一干就是20年，从来没想过换工作。

2 不好说

表示很难作出判断或决定。

It means that it is hard to make decisions or judgments.

① 你送的礼物人家需要不需要就不好说了。

② 这是我听说的，是真是假，就不好说了。

③ A：我看今天的比赛上海队一定能赢。

　B：这可不好说，离比赛结束还有半个小时呢。

④ A：我相信你一定能把他请来。

　B：不好说，这要看他的时间安排了。

3 别提多……了

表示程度很高。

别提多……了 shows that the degree is very high.

① 听到这个消息的时候，我别提多高兴了。

② 他妈妈做的蛋糕别提多好吃了。

③ 你玩儿过这个游戏吗？别提多有意思了。

④ 当时我别提多紧张了，连一句话都说不出来。

4　再也不……了

表示说话人决心以后永远不做某件事。

再也不……了 means the speaker has made up his mind never to do something again.

① 你总是骗我，我再也不相信你了。

② 我终于毕业了，再也不想参加考试了。

③ 因为喝酒出了事故，我以后再也不酒后开车了。

④ 大夫说他再也不能踢足球了。

三、热身练习　Warm-up exercises

1. 朗读词语。Read aloud the following words and expressions.　1'18"

(1) 代表　　　　　(2) 装饰　　　　　(3) 吉利
　　代表团　　　　　　装饰品　　　　　　吉利话
　　代表家人　　　　　装饰画　　　　　　吉利的数字
　　代表和平　　　　　室内装饰　　　　　吉利的日子
　　代表友谊　　　　　建筑装饰　　　　　吉利的颜色

(4) 尴尬　　　　　(5) 承认　　　　　(6) 消除
　　尴尬的场面　　　　承认错误　　　　　消除矛盾
　　尴尬的表情　　　　承认事实　　　　　消除疲劳
　　尴尬的结果　　　　愿意承认　　　　　消除误会
　　尴尬的滋味　　　　拒绝承认　　　　　消除战争

(7) 如实
　　如实填写
　　如实记录
　　如实回答
　　如实介绍

(8) 排列
　　排列顺序
　　排列名次
　　排列起来
　　排列整齐

2. 听后回答问题。Listen and answer the questions. ▶ 3'40"

　　(1)　　　　　　　　　　(2)
　　(3)　　　　　　　　　　(4)
　　(5)　　　　　　　　　　(6)
　　(7)　　　　　　　　　　(8)
　　(9)　　　　　　　　　　(10)

3. 听对话，回答问题。Listen to the dialogue and answer the questions. ▶ 5'7"

　　(1) 十二个属相中有蛇吗？
　　(2) 这个同学认为他记得住今天学的生词吗？为什么？
　　(3) 以后他们还会常去邮局寄信吗？为什么？
　　(4) 王冬觉得今天会下雨吗？为什么？
　　(5) 大卫的朋友喜欢他送的礼物吗？
　　(6) 王冬认为应该怎样消除朋友之间的误会？
　　(7) 中国人送礼物时为什么不能送钟？
　　(8) 中国人为什么喜欢红色？

四、听课文做练习　Exercises based on the texts

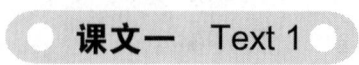

课文一　Text 1　7'6"

1. 听后回答问题。Listen and answer the questions.

　　(1) 为什么大卫看到日历上画着很多老鼠？

(2) 在十二属相中排在第一位和最后一位的各是什么动物？

(3) 属相中的十二种动物大卫一下子记得住吗？为什么？

(4) 知道一个人的属相，能算出他的年龄吗？

(5) 大卫为什么问李玉的属相？

(6) 李玉今年多大了？

(7) 大卫认为自己懒吗？

(8) 在十二属相中，李玉不喜欢什么动物？

2. 听后填空，并将下面的 12 种动物按照十二属相的顺序排列起来。
   Fill in the blanks and arrange the 12 animal zodiac signs in proper order.

中国的十二属相

| 鼠 | | 虎 | 兔 | | | 马 | | 猴 | 鸡 | | |

课文二 Text 2

1. 听第一遍后判断对错。Listen and decide whether the statements are true or false.

   (1) 彼得有个中国同事过春节的时候要结婚了。（　）

   (2) 李玉觉得挑选礼物是件挺不容易的事。（　）

   (3) 中国人送新婚夫妻的礼物常常是两个或者四个。（　）

   (4) 送新婚夫妻的礼物不要选白色或黑色的。（　）

   (5) 最近一年彼得的汉语越来越差。（　）

2. 听第二遍后回答问题。Listen again and answer the questions.

   (1) 中国人送礼时一般不送什么？为什么？

   (2) 中国人喜欢"4"这个数字吗？为什么？

   (3) 最后李玉建议彼得送同事什么礼物？

   (4) 中国人喜欢什么颜色？为什么？

课文三　Text 3

1. 听第一遍后判断对错。Listen and decide whether the statements are true or false.

（1）小张去中国的超市给安娜买来了奶酪。　　　　　　　（　）
（2）小张去法国学习了一年，上个星期刚回来。　　　　　（　）
（3）小张在法国遇到过让他很尴尬的事。　　　　　　　　（　）
（4）安娜在和中国人相处时从来没有过误会。　　　　　　（　）
（5）安娜现在已经习惯吃中国菜了。　　　　　　　　　　（　）

2. 听第二遍后回答问题。Listen again and answer the questions.

（1）小张在法国的时候遇到了一件什么尴尬的事？
（2）后来小张还给别人让座位吗？
（3）法国人认为白白的皮肤漂亮吗？
（4）安娜认为作为一个外国人了解当地的习俗和文化重要吗？为什么？
（5）如果现在有人问安娜的年龄，她会生气吗？为什么？

五、综合练习　Comprehensive exercises

1. 听句子，判断对错。Listen and decide whether the statements are true or false. ▶14'55"

① （　）　　　② （　）
③ （　）　　　④ （　）
⑤ （　）　　　⑥ （　）
⑦ （　）　　　⑧ （　）

2. 说一说你们国家的习俗。Tell us about the customs in your country.

20 文化习俗 Culture and Custom

六、泛听练习 Extensive listening

泛听一 Extensive listening 1 ▶ 16'45"

那个病人看到别人给他送苹果时会怎么样？

What would the patient do when he received apples given by someone?

泛听二 Extensive listening 2 ▶ 17'45"

请说出你的答案。

Please tell us your answers.

生词表 Vocabulary

A

爱好	àihào	（名）	8
安排	ānpái	（动）	6
安全感	ānquángǎn	（名）	16
按摩	ànmó	（动）	18

B

搬	bān	（动）	10
拌	bàn	（动）	3
棒棒糖	bàngbangtáng	（名）	1
包裹	bāoguǒ	（名）	5
包装	bāozhuāng	（动）	5
饱	bǎo	（形）	8
保龄球	bǎolíngqiú	（名）	8
保姆	bǎomǔ	（名）	10
保湿霜	bǎoshīshuāng	（名）	18
保险	bǎoxiǎn	（形）	5
保修	bǎoxiū	（动）	7
保证	bǎozhèng	（动）	3
保质期	bǎozhìqī	（名）	1
报刊	bàokān	（名）	9
报名	bào//míng	（动）	9
辈子	bèizi	（名）	14
本来	běnlái	（副）	14
蹦极	bèngjí	（名）	6
毕业	bì//yè	（动）	15
避暑	bì//shǔ	（动）	13
表示	biǎoshì	（动）	19
冰灯	bīngdēng	（名）	13
博客	bókè	（名）	16
补	bǔ	（动）	18
补(觉)	bǔ(jiào)	（动）	14
补习班	bǔxíbān	（名）	14

C

草莓	cǎoméi	（名）	1
草原	cǎoyuán	（名）	6
测试	cèshì	（动）	18
差别	chābié	（名）	13
查	chá	（动）	5
拆	chāi	（动）	12

Vocabulary

长久	chángjiǔ	（形）	10	打扰	dǎrǎo	（动）		9
长袖	cháng xiù		13	打招呼	dǎ zhāohu			12
肠炎	chángyán	（名）	2	打折	dǎ//zhé	（动）		1
场合	chǎnghé	（名）	11	打针	dǎ//zhēn	（动）		2
超重	chāozhòng	（动）	5	大便	dàbiàn	（名）		2
朝	cháo	（介）	17	大众	dàzhòng	（形）		3
沉	chén	（形）	5	代表	dàibiǎo	（动）		20
衬衫	chènshān	（名）	13	担心	dānxīn	（动）		9
趁	chèn	（介）	6	单	dān	（名）		5
称	chēng	（动）	5	单独	dāndú	（副）		17
成家	chéng//jiā	（动）	14	耽误	dānwù	（动）		10
成熟	chéngshú	（形）	19	当时	dāngshí	（名）		19
成双成对	chéng shuāng chéng duì		20	导游	dǎoyóu	（名）		6
诚意	chéngyì	（名）	19	灯笼	dēnglong	（名）		4
承认	chéngrèn	（动）	20	迪厅	dítīng	（名）		8
愁眉苦脸	chóu méi kǔ liǎn		19	地铁	dìtiě	（名）		17
初次	chūcì	（名）	4	点心	diǎnxin	（名）		8
厨房	chúfáng	（名）	17	电报	diànbào	（名）		5
春卷	chūnjuǎn(r)	（名）	1	电池	diànchí	（名）		7
辞职	cí//zhí	（动）	15	电工	diàngōng	（名）		7
葱	cōng	（名）	3	电话亭	diànhuàtíng	（名）		4
催	cuī	（动）	14	电话银行	diànhuà yínháng			5
存	cún	（动）	11	电器	diànqì	（名）		17
				钓鱼	diào yú			8
D				调头	diào//tóu	（动）		4
				冬泳	dōngyǒng	（动）		13
答应	dāying	（动）	14	兜风	dōu//fēng	（动）		6
答案	dá'àn	（名）	20	豆芽	dòuyá	（名）		18
打车	dǎ//chē	（动）	11	堵车	dǔ//chē	（动）		3
打工	dǎ//gōng	（动）	10	短信	duǎnxìn	（名）		5

短袖	duǎn xiù		13
对称	duìchèn	（形）	4
对待	duìdài	（动）	16
对面	duìmiàn	（名）	4

E

恶意	èyì	（名）	16

F

发	fā	（动）	3
发挥	fāhuī	（动）	15
发火	fā huǒ	（动）	19
发烧	fā∥shāo	（动）	2
发现	fāxiàn	（动）	16
发炎	fāyán	（动）	2
发展	fāzhǎn	（动）	15
法律	fǎlǜ	（名）	15
翻译	fānyì	（动）	15
烦	fán	（形）	15
反	fǎn	（形）	4
反正	fǎnzhèng	（副）	6
方式	fāngshì	（名）	8
放假	fàng∥jià	（动）	10
分离	fēnlí	（动）	20
丰富	fēngfù	（形）	1
风味	fēngwèi	（名）	3
辅导	fǔdǎo	（动）	9
付	fù	（动）	17

G

改善	gǎishàn	（动）	18
改造	gǎizào	（动）	12
干性	gānxìng	（形）	18
干燥	gānzào	（形）	13
尴尬	gāngà	（形）	20
赶紧	gǎnjǐn	（副）	6
橄榄球	gǎnlǎnqiú	（名）	8
干吗	gànmá	（代）	16
刚	gāng	（副）	13
高尔夫球	gāo'ěrfūqiú	（名）	6
高级	gāojí	（形）	14
各奔东西	gè bèn dōng xī		14
根本	gēnběn	（副）	9
跟	gēn	（动）	9
工资	gōngzī	（名）	3
公司	gōngsī	（名）	15
公务员	gōngwùyuán	（名）	16
瓜子儿	guāzǐr	（名）	6
挂（号）	guà(hào)	（动）	2
挂号信	guàhàoxìn	（名）	5
拐弯儿	guǎi∥wānr	（动）	4
怪不得	guàibude	（副）	7
规则	guīzé	（名）	12
国产	guóchǎn	（形）	3

H

海鲜	hǎixiān	（名）	3
海洋馆	hǎiyángguǎn	（名）	4

海运	hǎiyùn	（动）	5	寂寞	jìmò	（形）	10
害怕	hàipà	（动）	12	加班	jiā//bān	（动）	19
寒带	hándài	（名）	13	加塞儿	jiā//sāir	（动）	12
寒冷	hánlěng	（形）	13	加湿器	jiāshīqì	（名）	13
好像	hǎoxiàng	（动）	4	家常菜	jiāchángcài	（名）	3
合	hé	（副）	17	家具	jiājù	（名）	17
贺卡	hèkǎ	（名）	5	家务	jiāwù	（名）	10
猴	hóu	（名）	20	价格	jiàgé	（名）	1
后悔	hòuhuǐ	（动）	15	架子	jiàzi	（名）	15
候车室	hòuchēshì	（名）	6	坚持	jiānchí	（动）	14
胡同	hútòng	（名）	6	简称	jiǎnchēng	（名）	3
湖	hú	（名）	8	建议	jiànyì	（名）	9
糊涂	hútu	（形）	4	将来	jiānglái	（名）	10
化验	huàyàn	（动）	2	郊区	jiāoqū	（名）	6
化妆品	huàzhuāngpǐn	（名）	18	角质	jiǎozhì	（名）	18
				接	jiē	（动）	9
环境	huánjìng	（名）	8	节目	jiémù	（名）	11
灰色	huīsè	（名）	1	节食	jiéshí	（动）	18
婚礼	hūnlǐ	（名）	11	结束	jiéshù	（动）	13
火	huǒ	（动）	19	解决	jiějué	（动）	12
火锅	huǒguō	（名）	14	进口	jìnkǒu	（动）	3
				进入	jìnrù	（动）	19
J				景点	jǐngdiǎn	（名）	6
几乎	jīhū	（副）	11	竞争	jìngzhēng	（动）	12
鸡尾酒	jīwěijiǔ	（名）	3	酒吧	jiǔbā	（名）	3
吉利	jílì	（形）	20	居室	jūshì	（名）	17
急性	jíxìng	（形）	2	具体	jùtǐ	（形）	16
计划	jìhuà	（名）	6	聚餐	jù//cān	（动）	14
技术	jìshù	（名）	11				
继续	jìxù	（动）	9				

K

卡	kǎ	(名)	7
开朗	kāilǎng	(形)	16
开玩笑	kāi wánxiào		17
开心	kāixīn	(形)	16
咳嗽	késou	(动)	2
可怕	kěpà	(形)	10
客厅	kètīng	(名)	17
空调	kōngtiáo	(名)	7
空运	kōngyùn	(动)	5
恐怕	kǒngpà	(副)	13
会计师	kuàijìshī	(名)	14
款式	kuǎnshì	(名)	1
矿泉水	kuàngquánshuǐ	(名)	1
困难	kùnnan	(名)	7

L

拉	lā	(动)	18
拉肚子	lā dùzi		2
来不及	láibují	(动)	9
劳驾	láo//jià	(动)	4
老鼠	lǎoshǔ	(名)	20
乐趣	lèqù	(名)	10
礼尚往来	lǐ shàng wǎng lái		20
理	lǐ	(动)	19
理想	lǐxiǎng	(形)	15
厉害	lìhai	(形)	2
联系	liánxì	(动)	5
亮	liàng	(形)	7
吝啬鬼	lìnsè guǐ		2
零件	língjiàn	(名)	7
领导	lǐngdǎo	(名)	15
留	liú	(动)	14
留言	liú//yán	(动、名)	16
楼层	lóucéng	(名)	17
路口	lùkǒu	(名)	4
露天	lùtiān	(形)	6
旅途	lǚtú	(名)	14
律师	lǜshī	(名)	15
乱	luàn	(副)	19
轮休	lúnxiū	(动)	11

M

麻烦	máfan	(形)	9
麦当劳	Màidāngláo	(专名)	4
埋怨	mányuàn	(动)	19
满足	mǎnzú	(动)	12
漫长	màncháng	(形)	13
毛病	máobìng	(名)	7
矛盾	máodùn	(名)	10
美容	měiróng	(动)	18
闷热	mēnrè	(形)	13
迷路	mí//lù	(动)	4
免费	miǎn//fèi	(动)	17
面积	miànjī	(名)	12
面膜	miànmó	(名)	18
面试	miànshì	(动)	15

Vocabulary

N

那倒是	nà dàoshì		9
难得	nándé	(形)	6
闹	nào	(动)	19
内科	nèikē	(名)	2
内行	nèiháng	(名)	3
内向	nèixiàng	(形)	16
能力	nénglì	(名)	15
逆反	nìfǎn	(形)	19
腻	nì	(形)	3
暖气	nuǎnqì	(名)	13

P

排队	pái//duì	(动)	1
排列	páiliè	(动)	20
牌	pái	(名)	8
牌儿	páir	(名)	3
陪	péi	(动)	6
培养	péiyǎng	(动)	12
皮肤	pífū	(名)	13
偏	piān	(副)	19
骗子	piànzi	(名)	16
平等	píngděng	(形)	10
平均	píngjūn	(动)	13
平米	píngmǐ	(量)	17
平时	píngshí	(名)	2
瓶装	píngzhuāng	(形)	3
婆婆	pópo	(名)	19

Q

期末	qīmò	(名)	9
期中	qīzhōng	(名)	9
齐	qí	(形)	1
棋	qí	(名)	8
旗袍	qípáo	(名)	11
气	qì	(名)	7
浅	qiǎn	(形)	1
欠	qiàn	(动)	2
青菜	qīngcài	(名)	3
青春期	qīngchūnqī	(名)	19
轻松	qīngsōng	(动)	8
清淡	qīngdàn	(形)	3
请假	qǐng//jià	(动)	2
球迷	qiúmí	(名)	8
取	qǔ	(动)	7
娶	qǔ	(动)	10
拳击	quánjī	(名)	2
劝	quàn	(动)	19
缺	quē	(动)	18
缺少	quēshǎo	(动)	16

R

燃气费	ránqìfèi	(名)	17
染	rǎn	(动)	18
让座	ràng//zuò	(动)	20
热情	rèqíng	(形)	12
人生	rénshēng	(名)	20
扔	rēng	(动)	19

日历	rìlì	（名）	20
日期	rìqī	（名）	1
如实	rúshí	（副）	20
入乡随俗	rù xiāng suí sú		20

S

嗓子	sǎngzi	（名）	2
沙尘	shāchén	（名）	13
晒	shài	（动）	13
稍	shāo	（副）	3
蛇	shé	（名）	20
伸	shēn	（动）	7
身材	shēncái	（名）	18
深	shēn	（形）	1
生	shēng	（形）	2
失眠	shī//mián	（动）	2
狮子	shīzi	（名）	4
湿润	shīrùn	（形）	13
实在	shízài	（副）	14
事故	shìgù	（名）	12
视野	shìyě	（名）	17
适应	shìyìng	（动）	12
收据	shōujù	（名）	5
收银台	shōuyíntái	（名）	1
手机	shǒujī	（名）	5
手指	shǒuzhǐ	（名）	7
属相	shǔxiàng	（名）	20
数	shǔ	（动）	2
水龙头	shuǐlóngtóu	（名）	7
睡懒觉	shuì lǎnjiào		14
顺	shùn	（动）	4

顺便	shùnbiàn	（副）	6
顺序	shùnxù	（名）	20
说服	shuōfú	（动）	19
四合院	sìhéyuàn	（名）	6
速度	sùdù	（名）	9
随便	suíbiàn	（形）	11
随身	suíshēn	（副）	5

T

谈恋爱	tán liàn'ài		10
弹性	tánxìng	（名）	18
烫	tàng	（动）	18
讨价还价	tǎo jià huán jià		1
特快专递	tèkuài zhuāndì		5
T恤衫	T xù shān		1
提高	tígāo	（动）	9
体面	tǐmiàn	（形）	15
甜	tián	（形）	1
甜头	tiántou	（名）	16
填	tián	（动）	5
挑剔	tiāoti	（动）	15
贴	tiē	（动）	5
听装	tīngzhuāng	（形）	3
通	tōng	（形）	2
通过	tōngguò	（动）	15
通宵	tōngxiāo	（名）	14
痛快	tòngkuài	（形）	14
兔	tù	（名）	20
推	tuī	（动）	7
推荐	tuījiàn	（动）	3
退	tuì	（动）	17

生词表 Vocabulary

退休	tuìxiū	（动）	10

W

外套	wàitào	（名）	13
外向	wàixiàng	（形）	16
玩具	wánjù	（名）	12
万一	wànyī	（副）	5
网上银行	wǎngshang yínháng		5
网友	wǎngyǒu	（名）	16
危险	wēixiǎn	（形）	12
卫生间	wèishēngjiān	（名）	17
温泉	wēnquán	（名）	6
温柔	wēnróu	（形）	10
卧室	wòshì	（名）	17
污染	wūrǎn	（动、名）	12
无聊	wúliáo	（形）	15
五花八门	wǔ huā bā mén		8
午睡	wǔshuì	（动）	11
物业费	wùyèfèi	（名）	17
误会	wùhuì	（动）	3

X

西蓝花	xīlánhuā	（名）	3
习俗	xísú	（名）	20
喜庆	xǐqìng	（形）	11
虾	xiā	（名）	3
羡慕	xiànmù	（动）	10
相处	xiāngchǔ	（动）	20
享福	xiǎng//fú	（动）	14
享受	xiǎngshòu	（动）	14
项目	xiàngmù	（名）	18
消除	xiāochú	（动）	20
消息	xiāoxi	（名）	15
消炎	xiāoyán	（动）	2
笑话	xiàohua	（动）	16
效果	xiàoguǒ	（名）	18
斜	xié	（形）	4
心理	xīnlǐ	（名）	16
辛苦	xīnkǔ	（形）	8
新娘	xīnniáng	（名）	11
新鲜	xīnxiān	（形）	1
行李	xíngli	（名）	13
形容	xíngróng	（动）	19
醒	xǐng	（动）	2
性格	xìnggé	（名）	16
休闲	xiūxián	（动）	8
选择	xuǎnzé	（动）	13
血型	xuèxíng	（名）	16

Y

押金	yājīn	（名）	17
研究生	yánjiūshēng	（名）	15
眼镜	yǎnjìng	（名）	7
养	yǎng	（动）	8
养老院	yǎnglǎoyuàn	（名）	12
要求	yāoqiú	（名）	12
邀请	yāoqǐng	（动）	10
要紧	yàojǐn	（形）	2
音乐	yīnyuè	（名）	15
音像	yīnxiàng	（名）	4

赢	yíng	(动)	8	政府	zhèngfǔ	(名)	12
拥挤	yōngjǐ	(形)	12	挣	zhèng	(动)	10
犹豫	yóuyù	(形)	13	脂肪	zhīfáng	(名)	18
油	yóu	(名)	18	值得	zhíde	(动)	6
油腻	yóunì	(形)	2	职业	zhíyè	(名)	15
游览	yóulǎn	(动)	6	纸箱	zhǐxiāng	(名)	5
友好	yǒuhǎo	(形)	16	治	zhì	(动)	2
娱乐	yúlè	(动)	8	中介	zhōngjiè	(名)	17
郁闷	yùmèn	(形)	19	中心	zhōngxīn	(名)	4
遇见	yùjiàn	(动)	2	终点	zhōngdiǎn	(名)	20
园艺师	yuányìshī	(名)	15	终点站	zhōngdiǎnzhàn	(名)	4
原因	yuányīn	(名)	9	终于	zhōngyú	(副)	14
愿意	yuànyì	(动)	9	种	zhòng	(动)	8
阅读	yuèdú	(动)	9	主持人	zhǔchírén	(名)	11

Z

				主动	zhǔdòng	(副)	16
攒	zǎn	(动)	10	主食	zhǔshí	(名)	3
脏	zāng	(形)	17	装饰	zhuāngshì	(动)	20
糟糕	zāogāo	(形)	18	装修	zhuāngxiū	(动)	17
增加	zēngjiā	(动)	12	撞	zhuàng	(动)	12
炸	zhá	(动)	3	资料	zīliào	(名)	16
摘	zhāi	(动)	6	滋味	zīwèi	(名)	14
窄	zhǎi	(形)	11	自以为是	zì yǐ wéi shì		19
张	zhāng	(动)	7	总之	zǒngzhī	(连)	19
账户	zhànghù	(名)	5	租	zū	(动)	17
照顾	zhàogu	(动)	10	租金	zūjīn	(名)	17
针灸	zhēnjiǔ	(名)	18	组	zǔ	(名)	6
整齐	zhěngqí	(形)	4	嘴	zuǐ	(名)	7
整容手术	zhěngróng shǒushù		18	尊重	zūnzhòng	(动)	15
正常	zhèngcháng	(形)	14	遵守	zūnshǒu	(动)	12

对外汉语短期强化系列教材
A series of Chinese textbooks for short-term intensive training programs for foreigners

SHORT-TERM LISTENING CHINESE

第二版
2nd Edition

汉语听力速成

基础篇
Elementary

录音文本及练习答案

毛悦 ■ 主编　　赵秀娟　周阅 ■ 编著

BEIJING LANGUAGE AND CULTURE
UNIVERSITY PRESS

目录 Contents

第 一 课　　买东西　*(1)*
Lesson 1　　Going Shopping

第 二 课　　看病　*(7)*
Lesson 2　　Seeing a Doctor

第 三 课　　去餐厅吃饭　*(14)*
Lesson 3　　Eating in a Restaurant

第 四 课　　问路　*(20)*
Lesson 4　　Asking the Way

第 五 课　　寄东西　*(26)*
Lesson 5　　At the Post Office

第 六 课　　旅游　*(31)*
Lesson 6　　Traveling

第 七 课　　修理　*(36)*
Lesson 7　　Repairing

第 八 课　　休闲娱乐　*(42)*
Lesson 8　　Leisure and Entertainment

第 九 课　　谈学习　*(47)*
Lesson 9　　Talking About Studies

第 十 课　　家庭　*(52)*
Lesson 10　　Family

第十一课　北京见闻　(57)
Lesson 11　Experiences in Beijing

第十二课　社会问题　(61)
Lesson 12　Social Problems

第十三课　天气　季节　(67)
Lesson 13　Weather and Season

第十四课　谈计划　(73)
Lesson 14　Talking about Plans

第十五课　工作　职业　(79)
Lesson 15　Jobs and Occupations

第十六课　交友　(85)
Lesson 16　Making Friends

第十七课　看房　租房　(91)
Lesson 17　Looking for and Renting an Apartment

第十八课　美容　美体　(97)
Lesson 18　Getting Beauty Treatments

第十九课　解决矛盾　(103)
Lesson 19　Resolving Conflicts

第二十课　文化习俗　(109)
Lesson 20　Culture and Custom

录音文本及答案

第一课　买东西

三、热身练习

2. 用本课生词回答问题。

参考答案：

(1) 草莓。　　(2) 甜的。　　(3) 浅颜色的。　　(4) 灰的/蓝的。

(5) 打折的时候。　(6) 收银台。　(7) 款式。

3. 听句子，写出刚学过的生词。

(1) 这件衣服最低<u>价格</u>是五十块钱。

(2) 我要两个<u>棒棒糖</u>。

(3) 你看这水果多<u>新鲜</u>啊。

(4) 这种包装的牛奶<u>保质期</u>是一个星期。

(5) 在自由市场买东西可以<u>讨价还价</u>。

(6) 小王买了一件白色的<u>T恤衫</u>。

4. 听后用"一点儿也不/没……"复述对话。

(1) A：这衣服一百块钱一件，多便宜啊！买一件吧。

　　B：<u>一点儿也不便宜</u>。

(2) A：你尝尝，这桃子多甜啊！

　　B：<u>一点儿也不甜</u>。

(3) A：你妈妈会说汉语吗？

　　B：<u>她一点儿汉语也不会说</u>。

(4) A：现在刚十点半，你怎么就饿了？

　　B：<u>我今天早上一点儿东西也没吃</u>。

5. 根据提示，听后复述你听到的句子。

(1) 他不是日本人吗？

(2) 你不是不吃肉吗？

1

(3) 他不是会说汉语吗?

(4) 你不是没去过长城吗?

6. 听后用比较句式"A 比 B + 形容词"和"A 没有 B + 形容词"改说句子。

(1) 大卫 25 岁。玛丽 23 岁。

(2) 大卫一米八零。彼得一米七五。

(3) 草莓五块钱一斤。西瓜三块五毛钱一斤。

(4) 我觉得灰的好看,蓝的不好看。

参考答案:

(1) 大卫比玛丽大两岁。

　　玛丽没有大卫大。

(2) 大卫比彼得高五厘米。

　　彼得没有大卫高。

(3) 草莓比西瓜贵一块五毛钱。

　　西瓜没有草莓贵。

(4) 我觉得灰的比蓝的好看。

　　我觉得蓝的没有灰的好看。

四、听课文做练习

课文一

(情景:玛丽买水果。)

玛丽:这草莓多少钱一斤?

商贩:五块钱一斤。

玛丽:太贵了!那种小一点儿的呢?

商贩:八块钱两斤。

玛丽:甜不甜?

商贩:甜啊!一点儿也不酸,[1] 只是比五块的小一点儿。要是自己吃呀,大小没关系。

玛丽:是啊,不过这么小,便宜一点儿吧。

商贩:好吧,三块一斤,这可是最低价了。

玛丽：给我一个袋子，我挑点儿。
商贩：这么便宜，就别挑了。我给你拿。你要多少？
玛丽：一斤。
商贩：这是一斤六两，四块八的。
玛丽：四块五吧。
商贩：行啊。您看这桃子多好啊，来点儿吧。
玛丽：下次吧，买多了吃不了。

1. 听第一遍后选择正确答案。
   (1) 大点儿的草莓贵还是小一点儿的贵？　　　　　　　　　　　　(A)
   (2) 玛丽买草莓是自己吃还是送人？　　　　　　　　　　　　　　(B)
   (3) 玛丽买小一点儿的草莓可不可以挑？　　　　　　　　　　　　(B)
   (4) 玛丽买草莓花了多少钱？　　　　　　　　　　　　　　　　　(C)

课文二

（情景：下课休息的时候，大卫和玛丽去买吃的。）
玛　丽：大卫，咱们下楼去走走吧。
大　卫：好啊，我早上没吃饭，正好下去买个面包。
（他们来到小卖部）
玛　丽：小姐，这东西叫什么？
服务员：这叫春卷。
大　卫：它里面是什么？
服务员：是几种菜。
大　卫：好吃吗？
服务员：你买一个尝尝吧，不尝不知道嘛。
大　卫：怎么卖呀？
服务员：两块钱一个。
大　卫：我要两个春卷，一杯茶。哎，玛丽，咱俩一人一个，你也尝尝。
服务员：好的。
玛　丽：我要五个棒棒糖、一瓶矿泉水。

大　卫：你买那么多棒棒糖干吗？

玛　丽：你不是也爱吃吗？[2]

1. 听第一遍后选择正确答案。

(1) 大卫早上吃饭了吗？　　　　　　　　　　　　　　　(B)

(2) 大卫想下楼去买什么？　　　　　　　　　　　　　　(A)

(3) 玛丽吃过春卷吗？　　　　　　　　　　　　　　　　(B)

(4) 春卷怎么卖？　　　　　　　　　　　　　　　　　　(A)

(5) 大卫想吃几个春卷？　　　　　　　　　　　　　　　(A)

课文三

（情景：玛丽来到一家商场买衣服。）

玛　丽：先生，这样的T恤衫有大点儿的吗？

售货员：大、中、小号的都在这儿了。是您穿吗？

玛　丽：不是，我给我妹妹买。她比我高，[3] 也比我胖一点儿。

售货员：小姐，您看看别的款式怎么样？您看，这种也不错，有加大号的。

玛　丽：有深灰色的吗？

售货员：没有，只有白色、浅蓝色和黄色的。

玛　丽：这些颜色没有深灰色的好看。

售货员：您妹妹那么年轻，穿上这种白色的，一定很漂亮。

玛　丽：可能吧。那就买一件白色的。多少钱一件？

售货员：一百五十块。现在商店正在打折，八折是一百二十。

玛　丽：在哪儿交钱？

售货员：给您小票，在那边的收银台交钱。

玛　丽：谢谢！

1. 听第一遍后判断对错。

(1) √　　(2) ×　　(3) √　　(4) ×　　(5) ×

五、综合练习

1. 模仿例子说句子

① 听到一个词"草莓",请说出:这草莓多少钱一斤?

(1) 西瓜　　(2) 桃子　　(3) 矿泉水　　(4) 可口可乐　　(5) 本子

参考答案:
(1) 这西瓜多少钱一斤?
(2) 这桃子多少钱一斤?
(3) 这矿泉水多少钱一瓶?
(4) 这可口可乐多少钱一瓶/听/杯?
(5) 这本子多少钱一个?

② 听到一个词"便宜",请说出:有没有便宜一点儿的?

(1) 大　　(2) 肥　　(3) 瘦　　(4) 长　　(5) 短

参考答案:
(1) 有没有大一点儿的?
(2) 有没有肥一点儿的?
(3) 有没有瘦一点儿的?
(4) 有没有长一点儿的?
(5) 有没有短一点儿的?

2. 听后判断哪些是买东西的人说的话。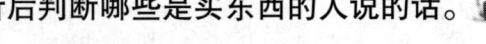

(1) 您要什么?　　　　　　　　　　　　　　　　　　　(×)
(2) 这苹果又好又便宜,您来一点儿吧。　　　　　　　　(×)
(3) 这西瓜多少钱一斤?　　　　　　　　　　　　　　　(√)
(4) 这桃子甜不甜?　　　　　　　　　　　　　　　　　(√)
(5) 我要两斤草莓,一个西瓜。　　　　　　　　　　　　(√)
(6) 还要别的吗?　　　　　　　　　　　　　　　　　　(×)
(7) 您穿上这个款式的衣服一定很漂亮。　　　　　　　　(×)
(8) 我可以试试吗?　　　　　　　　　　　　　　　　　(√)

六、泛听练习 🎧

　　不少工作忙的年轻人喜欢每星期去一次超市。大的超市商品特别丰富，比如，家乐福和物美的东西就很多，价格也比较便宜，去一次就可以买齐一周吃的、用的。有的超市还有快餐厅，买东西累了，可以去那儿坐坐，喝杯咖啡，休息一下。不过周末去超市的人很多，付钱的时候要排长队。如果不想排长队，最好在周一到周五去。买新鲜食品时，还要注意看一下生产日期和保质期。

　　大商场里的东西很多都是名牌，有的价格可能会很贵。不过大商场也有打折的时候，那时候去买东西，当然可以少花点儿钱了。

　　在中国的私营商店和农贸市场是可以讨价还价的，会讨价还价的人可能会买到非常便宜的东西。你也可以去试试。

录音文本及答案

第二课　看　病

三、热身练习

2. 用本课生词回答问题。

参考答案：

(1) 内科。　　(2) 请假。　　(3) 发炎了。　　(4) 挂号。

(5) 打针。　　(6) 失眠。　　(7) 发烧了。　　(8) 咳嗽。

(9) 太油腻了。

3. 听写拼音。

(1) liǎnsè（脸色）　　(2) tóu téng（头疼）　　(3) dùzi（肚子）

　　yánsè（颜色）　　　　tóuděng（头等）　　　　dòuzi（豆子）

(4) yóunì（油腻）　　(5) huàyàn（化验）　　(6) shǔ shù（数数）

　　yǒulì（有力）　　　　huā qián（花钱）　　　　shūshu（叔叔）

4. 听句子，写出刚学过的生词。

(1) 都八点了，彼得还没<u>醒</u>呢。

(2) 我肚子疼得<u>厉害</u>。

(3) 我的病<u>要紧</u>吗？

(4) 他从早上开始<u>拉肚子</u>。

(5) 我感冒了，鼻子不<u>通</u>。

(6) 大卫<u>平时</u>七点起床。

(7) 我在食堂<u>遇见</u>了玛丽。

(8) 你的<u>嗓子</u>红了。

5. 听后用"还没……呢"复述对话。

(1) A：下课了吗？

　　B：<u>还没下课呢</u>。

7

(2) A：你吃午饭了吗？
　　B：我还没吃呢。

(3) A：你们学第三课了吗？
　　B：还没学呢。

(4) A：你去圆明园了吗？
　　B：我还没去呢。

(5) A：大卫七点半就到了银行门口，可他没能换成钱，为什么？
　　B：银行还没开门呢。

6. 听后用"……就行了"复述对话。🎧

(1) A：请三个朋友来吃饭要买几瓶啤酒？
　　B：买六瓶就行了。

(2) A：大夫，我的病要不要住院？
　　B：不用，吃点儿药，再打几针就行了。

(3) A：老师，明天去参观故宫，我们需要带什么？
　　B：带上相机和钱就行了。

(4) A：老师，每个生词写几遍？
　　B：每个生词写三遍就行了。

(5) A：你这么累，就别去上课了。
　　B：休息一下就行了。

四、听课文做练习

课文一 🎧

（情景：彼得和同屋大卫在谈话，大卫还没起床。）

彼得：大卫，都八点了，你怎么还不起床呀？

大卫：是吗？八点了？平时我六点多就醒了，今天怎么睡到现在？

彼得：哎呀！你脸色很不好。

大卫：我是觉得不舒服，还有点儿头疼。

彼得：昨天晚上你一点才睡。是不是因为没睡好觉啊？

大卫：可能吧，最近学习比较忙，太累了。

彼得：你头疼就别去上课了。
大卫：这点儿小病，没关系。
彼得：我看你还是在宿舍休息吧。
大卫：好吧，那你帮我向老师请个假，好吗？
彼得：没问题。
大卫：谢谢。

2. 听第二遍后填空。

(1) 大卫平时六点多就醒了。
(2) 大卫觉得不舒服，还有点儿头疼。
(3) 大卫昨天晚上一点才睡。
(4) 大卫请彼得帮他向老师请个假。

课文二

(情景：玛丽在宿舍门口遇见了大卫。)

玛丽：大卫，今天你怎么没去上课啊？
大卫：我昨天晚上没睡好觉。
玛丽：怎么？想家了吧？
大卫：没有，昨天夜里我去了四趟厕所。
玛丽：你拉肚子啦？
大卫：是啊，到现在还没好呢。[1]
玛丽：你昨天吃什么了？
大卫：跟平时一样，吃的中国菜呀，只是饭后多喝了两杯凉水。
玛丽：哎呀！你不知道吗？有些中国菜比较油腻，吃完饭马上喝凉水，就是容易拉肚子。
大卫：是吗？我怎么没听说过啊？
玛丽：是不是这个原因，你还得去问问大夫。
大卫：我现在就去医院。
玛丽：要我陪你去吗？
大卫：谢谢，不用。

1. 听第一遍后判断对错。

(1) ×　　(2) ×　　(3) √　　(4) ×　　(5) ×

课文三 🎧

(情景：小王在医院看病。)

小　王：请问，我头疼，挂哪个科?

挂号员：挂内科。

小　王：好，请给我挂个内科。多少钱?

挂号员：五块钱。

小　王：请问，内科在哪儿?

挂号员：往右拐，再往前走就是。

小　王：谢谢。

(小王来到内科)

大　夫：请坐。你哪儿不舒服?

小　王：我头疼，鼻子也不通。

大　夫：咳嗽吗?

小　王：不咳嗽，可是嗓子疼得很厉害。

大　夫：张开嘴，让我看看你的嗓子。

小　王：怎么样，大夫?

大　夫：嗓子很红，发炎了。

小　王：我觉得很冷，是不是发烧了?

大　夫：来，先量量体温吧。五分钟以后给我。

(过了五分钟)

小　王：大夫，给您体温计。

大　夫：三十七度八，有点儿发烧。

小　王：我的病是——

大　夫：是感冒。

小　王：用打针吗?

大　夫：不用，我给你开点儿药。你能吃中药吗?

小　王：能，再开点儿西药吧。

(大夫开药方)

大　夫：有中药也有西药，回去以后多喝水。这是药方，你去取药吧。

小　王：谢谢大夫。

2. 听第二遍后填空。

(1) 小王的嗓子疼得很厉害。

(2) 他的嗓子很红，发炎了。

(3) 小王量了量体温，三十七度八，有点儿发烧。

(4) 小王的病是感冒。

课文四

(情景：一个病人在医院看病。)

病人：大夫，我……

大夫：请坐。你怎么了？

病人：我肚子疼。我从昨天夜里三点开始拉肚子。

大夫：你拉了几次了？

病人：四次了。

大夫：肚子疼得厉害吗？

病人：有时候疼得很厉害。

大夫：发烧吗？

病人：不发烧。大夫，我的病要紧吗？

大夫：你得去化验一下大便，这是化验单。

(过了十分钟)

病人：大夫，这是化验结果。我得的是什么病？

大夫：是急性肠炎。我给你开点儿消炎药。

病人：在饮食上要注意些什么吗？

大夫：注意不要吃生冷食物，少吃油腻的菜就行了。[2] 记住要按时吃药。

病人：好。大夫，在哪儿取药？

大夫：在药房，出门往左拐就是。

病人：谢谢您。

2. 听第二遍后判断对错。

(1) ×　　　(2) ×　　　(3) √　　　(4) √

五、综合练习

1.听后判断哪些是病人说的话。

(1) 你哪儿不舒服？　　　　　　　　　　　　　　　　（×）
(2) 我头疼，还有点儿咳嗽。　　　　　　　　　　　　（√）
(3) 我的病要紧吗？　　　　　　　　　　　　　　　　（√）
(4) 你得的是感冒。　　　　　　　　　　　　　　　　（×）
(5) 你能给我开点儿中药吗？　　　　　　　　　　　　（√）

2. 连线，组成句子。

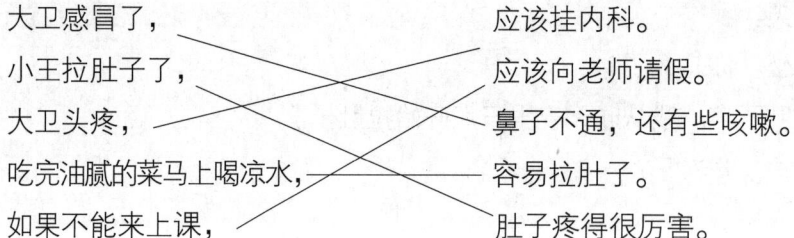

大卫感冒了，　　　　　　　　应该挂内科。
小王拉肚子了，　　　　　　　应该向老师请假。
大卫头疼，　　　　　　　　　鼻子不通，还有些咳嗽。
吃完油腻的菜马上喝凉水，　　容易拉肚子。
如果不能来上课，　　　　　　肚子疼得很厉害。

六、泛听练习

泛听一

（情景：一个病人在看病。）

病　人：大夫，我常常失眠，有什么好药吗？
大　夫：没什么好药，但我可以告诉你一个好方法。
病　人：什么好方法？
大　夫：睡觉的时候不要想事情，用心数数，一直到睡着。
病　人：啊！不行。数到十我就会跳起来的。
大　夫：那为什么？
病　人：我是拳击运动员。

泛听二 🎧

（情景：一个出名的吝啬鬼请医生给他的妻子看病。）

医　生：听说你非常吝啬，我给你妻子看病，能拿到钱吗？

吝啬鬼：不管你治好或治死她，你都能拿到钱。

医　生：那好，我会努力治好你妻子的病。

吝啬鬼：谢谢。

（几天以后）

医　生：对不起，我尽力了，可你太太还是死了，你该给我钱了。

吝啬鬼：你治好她了吗？

医　生：没有。

吝啬鬼：那你治死她了？

医　生：当然没有。

吝啬鬼：那我一分钱也不欠你的了。

录音文本及答案

第三课　去餐厅吃饭

三、热身练习

2. 用本课生词回答问题。

参考答案：

(1) 鸡尾酒。　　(2) 堵车了。　　(3) 发工资了。　　(4) 清淡的。

(5) 吃腻了。　　(6) 他是内行。

3. 听句子，回答问题。

(1) 大卫在酒吧看见了小王。

(2) 小王的手表是国产的，不是进口的。

(3) 日本生产的电视有松下牌儿的、东芝牌儿的等等。

(4) 真对不起，路上堵车，我来晚了。

(5) 今天点的都是家常菜，所以没花多少钱。

(6) 她喜欢吃青菜，她爱人喜欢吃肉，所以她觉得做饭特别麻烦。

(7) 那个食堂有各种各样的主食，比如饺子、包子、炒饭什么的，所以我常去。

4. 听后用"正……呢"复述对话。

(1) A：我来了。

　　B：我正等你呢。

(2) A：给你一杯茶。

　　B：我正渴着呢。

(3) A：我送你一本词典。

　　B：我正想去买这本词典呢。

(4) A：喂，我是小王。

　　B：我正想给你打电话呢。

14

5. 听后用"还是……吧"复述对话。

(1) A：你想去城里逛逛吗？
　　B：城里人太多，咱们还是去颐和园吧。

(2) A：你喝咖啡还是矿泉水？
　　B：咖啡太苦，我还是喝矿泉水吧。

(3) A：这几家饭馆，我们去哪一家？
　　B：这几家饭馆的菜都太贵，我们还是去食堂吃吧。

(4) A：白的、红的、黑的，这三件毛衣你买哪件？
　　B：我穿红的、黑的都不好看，还是买白的吧。

6. 听后复述句子。

(1) 保证让你学会。
(2) 保证让你满意。
(3) 保证让你吃好。
(4) 只要能买到就行。
(5) 只要吃饱了就行。
(6) 只要能休息一会儿就行。

四、听课文做练习

课文一

（情景：彼得和玛丽来到三里屯的一家酒吧。）

服务员：请问二位喝点儿什么？

彼　得：我想喝啤酒。服务员，请介绍一下你们这儿都有什么啤酒。

服务员：有国产的，也有进口的，您要喝哪种？

玛　丽：国产的有什么牌儿的？

服务员：有青岛啤酒、北京啤酒，还有燕京啤酒。

彼　得：燕京啤酒是瓶装的还是听装的？

服务员：两种都有。

彼　得：先来一瓶尝尝。

服务员：还要别的吗？

玛　丽：有法国红葡萄酒吗？

服务员：对不起，没有。我们这儿有各种各样的鸡尾酒，这儿都写着呢，您看看。

玛　丽：这种的，来一杯。

服务员：好的，请稍等。

1. 听第一遍后判断对错。

(1) ×　　　(2) √　　　(3) ×　　　(4) √　　　(5) √

(情景：小王请大卫吃饭。)

小王：大卫，今天我发工资了，请你吃日本料理吧。

大卫：好啊好啊，我正饿着呢！[1] 哎，刚才你说的"料理"是什么东西？

小王："料理"就是菜，好像是从日本过来的词儿。

大卫：日本菜太清淡，韩国菜太辣，西餐也吃腻了。我们还是去吃中餐吧。[2]

小王：好啊，这我可是内行，可以给你好好介绍介绍。

大卫：咱们去哪儿吃？

小王：现在是上下班高峰时间，容易堵车。咱们去个近点儿的地方吧。学校附近新开了一家湘菜馆。

大卫：什么？香菜？我可不吃香菜，那味儿实在让人受不了。

小王：嗨！你误会了。我说的是湖南菜，"湘"是湖南省的简称。

大卫：噢，那走吧。

1. 听第一遍后判断对错。

(1) ×　　　(2) √　　　(3) √　　　(4) ×　　　(5) √

(情景：两个朋友去饭馆吃饭。)

服务员：请问几位？

男：两个人。

服务员：里边请吧。

女：我喜欢靠窗户的座位。

服务员：那您二位这儿坐吧。请问点点儿什么？这是菜单。右边有英文翻译。

男：先来两个凉菜：一个鸡丝黄瓜，一个小葱拌豆腐。

服务员：热菜呢？

女：这鱼香肉丝是用鱼做的吗？

服务员：不是，是猪肉做的，酸辣味儿的，还有点儿甜。

男：来个海鲜吧。

服务员：我们这儿有鱼，还有大虾。

女：大虾新鲜吗？

服务员：当然了，保证让你们放心。

男：那来个油焖大虾，再来两碗米饭。米饭先上。

服务员：还要别的吗？

女：先要这些吧，不够再点。

1. 听第一遍后判断对错。

(1) √　　　(2) ×　　　(3) ×　　　(4) √　　　(5) ×

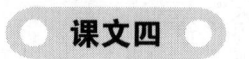
课文四

(情景：两个朋友去饭馆吃饭。)

女：哎哟，我都快累死了，咱们先找个饭馆吃点儿东西，休息一下吧。

男：这儿好像没什么好饭馆。

女：没事儿，随便吃点儿吧。只要能找个地方让我坐会儿就行。

男：哎，那儿有一家家常菜饭馆，咱们去那儿吧。

(来到饭馆)

服务员：欢迎光临。二位想吃点儿什么？

女：点两三个大众菜就行。

男：我点不好。服务员，你给我们推荐几个吧。

服务员：这儿的宫保鸡丁、铁板牛柳都不错。

女：好，这两个都要。有什么青菜吗？

服务员：香菇菜心，清炒西蓝花。
　　男：要西蓝花吧。主食有炸小馒头吗？
服务员：有，还有炒饭、水饺。
　　女：就要炸馒头吧。

1. 听第一遍后判断对错。

（1）×　　（2）√　　（3）×　　（4）√　　（5）×

五、综合练习

1. 听后复述句子。

（1）服务员，请介绍一下你们这儿都有什么啤酒。
（2）国产啤酒有什么牌儿的？
（3）可乐是瓶装的还是听装的？
（4）今天是周末，我们可以痛痛快快地玩儿。
（5）你请我吃饭，太好了，我正饿着呢。
（6）西红柿炒鸡蛋，我都吃腻了。
（7）现在是上下班高峰时间，容易堵车。
（8）韩国菜太辣，我实在受不了。
（9）先要这些吧，不够再点。
（10）我都快饿死了，咱们先找个地方吃点儿东西吧。
（11）服务员，你给我们推荐几个你们这儿的拿手菜吧。
（12）这件衣服是名牌，质量保证没问题。

2. 填出你知道的酒、菜和主食的名称。

酒	啤酒	葡萄酒	鸡尾酒	白酒	
凉菜	鸡丝黄瓜	小葱拌豆腐			
热菜	鱼香肉丝	宫保鸡丁	铁板牛柳	香菇菜心	清炒西蓝花
主食	米饭	炸馒头	水饺	面条	包子

3. 听后判断哪些是顾客说的话。 🎧

(1) 二位来点儿什么？ （×）
(2) 服务员，拿几张餐巾纸来。 （√）
(3) 我们这儿的宫保鸡丁很好吃。 （×）
(4) 你给我们推荐几个菜吧。 （√）
(5) 来一个炸花生米，一个鱼香肉丝，再来一碗米饭。 （√）

六、泛听练习

泛听一 🎧

在中国的饭馆里吃饭，一般是先上凉菜，再上热菜，最后上汤。你要了酒，也要了米饭，但是可能你的菜都快吃完了，米饭还没来，为什么呢？因为中国人有先喝酒，后吃饭的习惯。你要想一边吃饭一边喝酒的话，最好点菜的时候告诉服务员一声："先上米饭。"

泛听二 🎧

中国很大，在"吃"上各地有各地的风味。拿主食来说，北方人喜欢吃面食，比如馒头、饺子、面条、包子，等等；南方人爱吃米饭和粥。菜的地方特点是南甜、北咸、东辣、西酸，也就是说，南方的菜比较甜，北方的菜比较咸。在北京能吃到各种风味的菜。喜欢吃辣的，可以去川菜馆或者湘菜馆；喜欢吃清淡的，可以去粤菜馆。而北京最有名的菜，当然是烤鸭了。

泛听三 🎧

中国人热情好客，以前常常在家里请客吃饭。现在人们越来越忙，在家请客，又要买菜做菜，又要洗碗收拾桌子，太麻烦，所以越来越多的人喜欢去饭馆请客。请朋友一起吃饭的时候，常常是一个人付钱，而不是自己付自己的钱。西方人看了可能觉得很奇怪，但是很多中国人对 AA 制也感到不习惯。

录音文本及答案

第四课　问　路

三、热身练习

2. 用本课生词回答问题。

参考答案：

(1) 方向反了。　　(2) 调头。　　(3) 电话亭。

(4) 路口。　　　　(5) 初次。　　(6) 迷路了。

3. 听句子，判断对错。

(1) 顺着这个方向走，不用拐弯儿。

(2) 往前走有一家大商场，商场斜对面就是那个饭馆。

(3) 刚才应该往左拐，不是往右拐，咱们得调个头。

(4) 坐到头儿，看见大家都下车了，你就下车。

(5) 我在路边的电话亭给你打电话呢。

(6) 到第二个十字路口往右拐。

(7) 坐公共汽车可以是可以，但是不太方便。

(8) 大门两边的石狮子是对称的。

(9) 马路右边有一个小胡同，进了胡同就能看见一个很高的大白楼，我家就在那个楼里。

(1) √　　(2) ×　　(3) √　　(4) √　　(5) √

(6) √　　(7) ×　　(8) √　　(9) √

4. 听后按照例句改说句子。

(1) 餐厅的斜对面就是邮局。

(2) 电话亭旁边是一个服装商店。

(3) 我的楼上是玛丽的宿舍。

(4) 天安门的北边是故宫。

(5) 食品店的右边有一个卖 CD 的音像店。

(6) 十字路口的中心有一个交通岗亭。

20

参考答案：

(1) 邮局在餐厅斜对面。

(2) 服装商店在电话亭旁边。

(3) 玛丽的宿舍在我的楼上。

(4) 故宫在天安门的北边。

(5) 卖 CD 的音像店在食品店的右边。

(6) 交通岗亭在十字路口的中心。

5. **根据提示，听后复述对话。**

(1) A：昨天晚上你什么时候睡觉的？

　　B：我一写完作业就睡觉了。

(2) A：那个商店的东西很多。

　　B：多是多，可是太贵了。

(3) A：这家饭馆的菜很便宜。

　　B：便宜是便宜，可是不太好吃。

(4) A：学汉语什么最难？

　　B：对我来说，发音最难。

(5) A：劳驾，请问在哪儿可以打电话？

　　B：前边的电话亭可以打电话。

(6) A：我想去海洋馆，请问应该怎么走？

　　B：顺着这条路往前走就是海洋馆。

四、听课文做练习

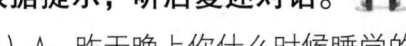

（情景：玛丽向行人问路。）

玛丽：劳驾，请问去邮局怎么走？

行人：顺着这条路一直往前，走到头儿再往左拐。

玛丽：很远吗？

行人：不太远。往前走，路南有一个篮球场，过了篮球场再走不远就该拐弯儿了。

玛丽：一拐弯儿就能看见吗？[1]

行人：不。拐弯儿以后还得走一会儿，有一个门口挂着红灯笼的餐厅，餐厅斜 对面就是。

玛丽：谢谢。

行人：不客气。

1. 听第一遍后判断对错。

(1) √   (2) ×   (3) ×   (4) √   (5) √

课文二

(情景：大卫和出租汽车司机谈话。)

司机：是在这儿拐弯吗？

大卫：好像是，我也记不清了。先拐过去看看吧。

司机：好吧。到了您早点儿说一声。

大卫：哎，怎么没有啊？说是一拐过来就能看见啊。

司机：是不是走错了？

大卫：噢，想起来了，应该往左拐，不是往右拐，咱们拐错了。怎么办啊？

司机：没事儿。我给你调个头。

(司机调头)

司机：在路东还是路西呀？

大卫：我分不清东西南北。应该在马路右边。

司机：那是路西。你要找的地方什么样儿？

大卫：有一个红色的大门，门口有两个石狮子。

司机：我知道了。

1. 听第一遍后判断对错。

(1) √   (2) √   (3) √   (4) ×   (5) ×

课文三

(情景：安娜向小王打听去海洋馆怎么坐车。)

安娜：我想去北京海洋馆，坐公共汽车能去吗？

小王：能去是能去，但有点儿不方便，[2] 得换车。

安娜：能去就行。怎么换车？

小王：你在咱们学校门口坐 375 路，到西直门。然后换 105 路，坐两站就到了。

安娜：从这儿到西直门一共几站？

小王：西直门是终点站，所以你不用担心，坐到头儿，看见大家都下，你就下。

安娜：105 路和 375 路车站在一起吗？

小王：不在一起。你在西直门下车以后问问吧，不难找。可是千万别过马路，就在路这边坐车。要是过马路就坐反了。

安娜：谢谢。

1. 听第一遍后选择正确答案。

 (1) 安娜要去哪儿？ (C)

 (2) 安娜应该怎样坐车？ (D)

 (3) 安娜得在哪儿换车？ (B)

课文四

（情景：彼得给李玉打电话。）

彼得：喂，是李玉吗？我正在路上呢，我找不到你家在哪儿了。

李玉：你现在在哪儿？

彼得：我在 331 路新街口站下车以后，往前走了大概 10 分钟，没看见你说的路口，就在路边的公用电话亭给你打电话了。

李玉：你附近有什么？

彼得：电话亭旁边是一个服装店，马路对面有一个食品店，挺大的。食品店的旁边好像是一个卖 CD 的音像店。

李玉：哦，我知道了。你前边不远就是一个十字路口吧？

彼得：对，可是你不是说是一个很大的十字路口吗？这个路口很小，而且也没有你说的麦当劳呀。

李玉：不是这个路口。你过了这个路口再往前就是那个大的十字路口了。在那个路口的左边有个麦

当劳，从那儿往左拐，然后往前走大概 50 米，马路右边有一个小胡同，进了小胡同就能看见一座很高的大白楼，我家就在那个楼里。

彼得：明白了，那一会儿见吧。

五、综合练习

1. 听到一个词语后说出与它意义相反的词语。

(1) 往左拐　　　(2) 路北　　　(3) 前边

(4) 东南边　　　(5) 起点站

参考答案：

(1) 向右拐　　　(2) 路南　　　(3) 后边

(4) 西北边　　　(5) 终点站

2. 听后复述句子。

(1) 顺着这条河一直往前走。

(2) 一直走到头儿，千万别拐弯儿。

(3) 过了服装商店往右拐。

(4) 进了胡同再走大概一百米。

(5) 咱们走错了，麻烦您调个头吧。

(6) 我家斜对面有一个卖 CD 的音像店。

(7) 前边的十字路口有一家麦当劳。

(8) 坐到终点站，再换 105 路。

六、泛听练习

如果你在北京问路，北京人常常会告诉你"往东走、往西走"或者"往北拐、往南拐"。对许多初次到北京的人来说，[3] 听到这样的回答就糊涂了，因为他们还没分清楚东南西北呢。北京人为什么不说"往左、往右"，而说"往东、往西"呢？这是因为北京的街道大部分是东西向或者南北向的，而且马路都很直，所以习惯用东、南、西、北来说明道路方向。

泛听二

　　打开北京地图，你会发现北京是个方方正正的城市。它以故宫为中心，[4] 许多地方都是对称的。比如，故宫南边是天安门，北边是地安门；东城有日坛公园，西城有月坛公园。街道也很整齐，东边有东单、东四，西边就有西单、西四，等等。只要你有一张北京地图，一般来说是不太可能迷路的。

1. 听后连线。

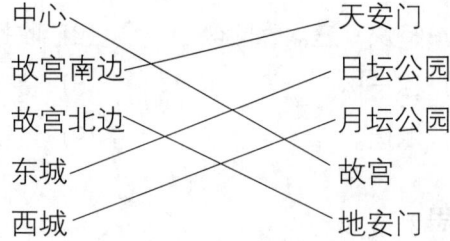

录音文本及答案

第五课　寄东西

三、热身练习

1. 用本课生词回答问题。

参考答案：

(1) 寄挂号信。可以查。　　(2) 特快专递。保险。　　(3) 收据。

(4) 信超重了。　　　　　　(5) 称一称。　　　　　　(6) 贺卡。

(7) 填单子。　　　　　　　(8) 海运。　　　　　　　(9) 纸箱。

2. 听句子，猜猜下列词语的意思。 🎧

(1) 这封信不太重要，不用寄挂号，寄<u>平信</u>就行了。

(2) <u>超重</u>的信邮费真贵，我这封信贴了 12 块钱的邮票。

(3) 用<u>电子邮件</u>也就是 E-mail 跟朋友联系又快又方便。

(4) 今天邮局的人真多，看来得<u>排队</u>了。

(5) <u>本市</u>的信八毛一封，<u>外地</u>的信一块二一封。

3. 听句子，判断对错。

(1) 挂号信保险，但比较慢。特快专递又快又保险。

(2) 我寄的是贺卡，有点儿沉，我怕超重，所以贴了两块四毛钱的邮票。

(3) 这个包裹的邮费是 23 块，纸箱 5 块，包装费 1 块。

(4) 寄特快专递最多三天就能到。

(1) √　　　　(2) ×　　　　(3) √　　　　(4) ×

四、听课文做练习

课文一

(情景:安娜在邮局寄信。)

安　娜:小姐,我想寄一封信到武汉,怎么寄比较保险?
营业员:挂号信保险,万一[1] 收不到可以到邮局来查。
安　娜:挂号信要多长时间能到?
营业员:大概一个星期。
安　娜:这么慢啊。有没有快一点儿的方法?
营业员:那您寄特快专递吧,又快又保险,[2] 就是贵点儿。
安　娜:什么是特快专递?
营业员:就是EMS。
安　娜:噢。几天能到?
营业员:最多三天。
安　娜:要是收不到也能查吗?
营业员:一般不会有问题,您把收据留着,如果要查,带收据来就可以了。

1. 听第一遍后判断对错。

(1) ×　　　(2) ×　　　(3) √　　　(4) ×　　　(5) √

课文二

(情景:彼得跟李玉聊天儿。)

彼得:写这么多信呀!
李玉:快到新年了,给朋友寄贺卡。
彼得:这是寄到美国的,你为什么只贴6块钱的邮票?
李玉:寄到美国的信就是6块啊。
彼得:不对,上次我寄信的时候,邮局的人让我贴了十几块钱的邮票呢。
李玉:那一定是你的信超重了。营业员是不是先称了一下?
彼得:对。那封信里还有好几张照片。

李玉：超重的信邮费都很贵。

彼得：中国国内的信要贴多少钱邮票呢？

李玉：如果是外地的得贴一块二的，市内的贴8毛就可以了。

彼得：那这封寄到广州的你为什么贴两块四呀？

李玉：因为我寄的是贺卡，有点儿沉，我怕超重。

1. 听第一遍后选择正确答案。🎧

  (1) 从北京寄一封信到美国，一般要贴多少钱的邮票？ (C)

  (2) 从北京寄一封信到广州，一般要贴多少钱的邮票？ (B)

  (3) 李玉在给朋友寄什么？ (C)

  (4) 什么样的情况下邮费很贵？ (D)

2. 听第二遍后判断对错。

  (1) × (2) √ (3) √ (4) √ (5) √

  (6) × (7) ×

课文三 🎧

（情景：大卫在邮局寄包裹。）

大　卫：我寄包裹。

营业员：我来看看。寄到哪儿？

大　卫：美国。

营业员：先填一下包裹单，您的地址和姓名写在这儿。

（大卫填包裹单）

大　卫：您看，这样写行吗？

营业员：行，在这儿写上您寄的是什么东西。您要空运还是海运？

大　卫：海运。多少钱？

营业员：我称一下。海运邮费是82块，纸箱10块，包装费1块，一共93块。

大　卫：要我自己包装吗？

营业员：不用，我们给您包。这是收据，您拿好。

大　卫：谢谢。

五、综合练习

1. 听后判断哪些是邮局营业员说的话。

(1) 请打开包裹,我看一下。　　　　　　　　　　　　　　　(√)
(2) 寄挂号信多长时间能到?　　　　　　　　　　　　　　　(×)
(3) 寄到韩国的信要贴多少钱的邮票?　　　　　　　　　　　(×)
(4) 您要空运还是海运?　　　　　　　　　　　　　　　　　(√)
(5) 您的信超重了,得再贴两块钱的邮票。　　　　　　　　　(√)
(6) 先生,我要寄这个包裹,寄到英国。　　　　　　　　　　(×)
(7) 如果信没有收到,您可以带着收据到邮局来查。　　　　　(√)
(8) 我要寄几本书,您可以帮我包一下吗?　　　　　　　　　(×)

六、泛听练习

泛听一

二十年前,中国有电话的家庭还不多的时候,人们互相联系非常不方便。住在同一个城市的人也常常写信,住在不同城市的人,除了写信以外,[3] 如果有急事就只能去邮局发电报。现在电报已经用得很少了。许多人都随身带着手机,有事的时候不管在哪儿都能与别人联系。写信的人也越来越少了,很多人都用电子邮件,也就是E-mail,或者用手机短信、MSN、QQ等方式跟朋友联系。

泛听二

(情景:大卫和小王在邮局。)

大卫:怎么这么多人啊?

小王:快到春节了,很多在外地工作的人都给家里寄东西。

大卫:可是那些人没拿着包裹啊。

小王:哦,你是说那边排队的人啊,我想他们是来寄钱的。

大卫:为什么这么多人寄钱?

小王:春节的时候,人们一般都回家跟父母一起过节。在外地不能回去的人常常给家里寄一些钱。

大卫:在中国怎么寄钱?

小王：一般去邮局寄，或者通过银行账户汇款。

大卫：哪种更快些？

小王：当然是银行汇款。选择一个相同的银行，或者去柜台，或者通过网上银行，或者通过电话银行汇，马上就可以收到了。

录音文本及答案

第六课　旅　游

三、热身练习

2. 用本课生词回答问题。

参考答案：

(1) 郊区。　　　　(2) 瓜子儿。　　　(3) 露天足球场。

(4) 难得的人。　　(5) 兜风。　　　　(6) 候车室。

3. 根据提示，听后复述句子。

(1) 来中国以后我最大的愿望是<u>游览一下长城</u>。

(2) 这个周末我计划和朋友<u>一起爬香山</u>。

(3) 饭做好了，<u>赶快趁热吃吧</u>。

(4) 我不认识路，<u>你陪我一起去吧</u>。

(5) 西安有很多名胜古迹，<u>值得大家去好好儿地看一看</u>。

(6) 今天我去王府井的时候<u>顺便看了一场京剧</u>。

(7) 不用问他了，<u>反正他也不知道</u>。

4. 把意思有关联的词语用线连起来。

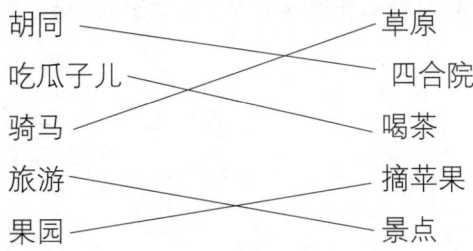

5. 听后回答问题。

(1) 真可惜，今天的游览没有导游，好多地方看了也不明白。

31

(2) 我还不知道这次旅游的安排，所以还没决定参加哪个组。

(3) 昨天我去参观了北京的胡同和四合院。

(4) 到了秋天，很多人去郊区的果园摘水果。

(5) 十渡是北京郊区的一个旅游景点，在那儿可以蹦极。

(6) 啊，天晴了，得趁有太阳赶紧把衣服洗了，要不明天又干不了。

(7) 小王，你去杭州旅游的时候顺便帮我买一件丝绸衬衫吧。

四、听课文做练习

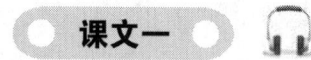

(情景：中田跟导游谈今天的游览 安排。)

中田：今天是在市区参观吗？

导游：对，上午参观市中心。

中田：下午没有安排吗？

导游：有。下午分成三组：第一组参观胡同和四合院；第二组去郊区，看看京郊风景，还可以亲自到农民的果园里摘水果；第三组自由活动，可以自己去商店买东西。

中田：胡同和四合院也在市区，可能没什么意思吧？听起来好像第二组比较好玩。

导游：但是参观四合院可以进去和居民聊天儿，一起喝茶、吃瓜子儿。

中田：第三组有导游带着吗？

导游：没有。只有第一、第二组有导游。

中田：没有导游可不太方便。能看看中国普通人的家也挺不错，那，我就跟这一组吧。

1. 听第一遍后判断对错。

(1) ×　　(2) √　　(3) ×　　(4) √　　(5) ×　　(6) √

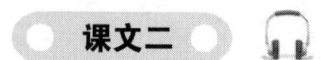

(情景：父子俩商量周末的旅行计划。)

儿子：爸，这个周末去哪儿玩儿啊？

父亲：今天的报纸上正好有介绍郊区旅游景点的，你来看看。

儿子：哎，这个景点有一个大露天游泳池，咱们去这儿吧。

父亲：游泳在市内也可以，干吗一定要去郊区？

儿子：可是，那儿是温泉呀。市内可没有温泉。

父亲：现在是夏天，去温泉游泳多热啊。哎，这个景点有个高尔夫球场，去这儿怎么样？

儿子：打高尔夫球？又贵又没意思，不去。

父亲：那你说去哪儿？

儿子：十渡怎么样？我们同学刚去过，在那儿可以蹦极，多好玩儿啊！

父亲：我都这么大年纪了，还能蹦吗？

儿子：倒也是。那咱们去康西草原吧，去那儿骑马。

父亲：这倒是个好主意。行，就这么定了。

1. 听第一遍后判断对错。

(1) √　　　(2) √　　　(3) ×　　　(4) ×　　　(5) √　　　(6) ×

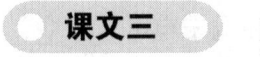

课文三

（情景：丈夫跟妻子谈话。）

丈夫：今天天气真好！去哪儿玩儿玩儿吧。

妻子：是啊，下了一个星期的雨，好不容易才晴了。对了，趁[1]有太阳赶紧把衣服洗了，要不明天又干不了。

丈夫：这么好的天儿，出去玩儿玩儿多好，洗什么衣服啊？

妻子：再不洗，都没有换的了。家里一点儿菜也没有了，得去买菜，还得去买些别的东西。

丈夫：整天在家，也该出去活动活动了。骑车兜兜风吧。

妻子：等洗完衣服，咱俩一块儿去采购。

丈夫：又逛商场，我一听就头疼。而且逛商场还是在室内。多难得的天气呀！先出去玩儿，回来再洗衣服怎么样？

妻子：玩儿完了回来再洗都什么时候了？明天肯定干不了，万一明天又下雨怎么办？反正[2]衣服必须得先洗了。

丈夫：要不，先洗衣服，然后出去兜风。回来的时候我陪你去买东西，行吗？

妻子：行，那你得和我一块儿洗，这样快点儿。
丈夫：没问题。

1. 听第一遍后选择正确答案。

  (1) 今天天气怎么样？ (B)
  (2) 下面哪一项不是妻子要洗衣服的理由？ (C)
  (3) 下面哪一项是妻子对丈夫的要求？ (D)
  (4) 下面几件事中丈夫最想做什么？ (A)

五、综合练习

1. 听后复述句子。

  (1) 明天的参观分成两组，第二组自由活动。
  (2) 听起来好像参观胡同比去公园有意思。
  (3) 能了解一下他们的生活也挺不错。
  (4) 今天的报纸上正好有介绍周末电影的。
  (5) 做了一上午的作业，好不容易才做完了。
  (6) 趁有时间赶紧做作业，要不又做不完了。
  (7) 再不买水果，都没有吃的了。
  (8) 等打完球，咱们一起去吃饭吧。

六、泛听练习

（情景：小王向旅行社询问旅行路线。）

小　　王：请问，这次旅行一共多少天？
旅行社：一个星期。8月26号出发，9月2号回来。
小　　王：都去哪些地方？
旅行社：第一站是黄山，27、28号两天都在黄山游览。28号下午下山以后去喝茶。
小　　王：太好了！黄山的茶很有名，可以顺便买点儿回来。
旅行社：第二站是千岛湖，然后从千岛湖坐船到杭州。31号在杭州玩儿一天。最后一站是上海。9月1号傍晚从上海火车站出发,2号早上回到北京。
小　王:千岛湖有什么值得看的地方?
旅行社:千岛湖有很多岛,其中鸟岛和蛇岛最有意思。
小　王:噢,好像听说过。在杭州有时间逛商场吗?我想在那儿买点儿丝绸。
旅行社:有是有,但时间不多。因为杭州值得参观的地方很多。
小　王:在上海的时间多吗?
旅行社:跟杭州一样,也只有一天。

听后连线:

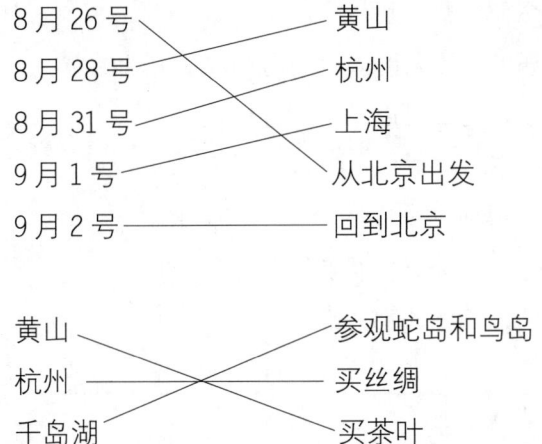

泛听二

还差五分钟火车就要开了,小王和丽丽还没进候车室呢。他们满头大汗地往站台里跑,小王一边跑一边把丽丽拿着的行李全都挂在自己身上了。可是这样他还是比丽丽跑得快。到了站台,列车员已经上火车了,正要关门呢。小王一下子跳了上去,接着火车就开了。丽丽看着开走的火车哭了起来。旁边一位老大爷说:"别哭了,小伙子不是已经上去了吗?"丽丽说:"他是来送我的。"

录音文本及答案

第七课 修 理

三、热身练习

2. 听句子，写出刚学过的生词。

(1) 你的照相机里放<u>电池</u>了吗？

(2) 小王的房间里没有<u>空调</u>，夏天热极了。

(3) 大卫的电视出了<u>毛病</u>，声音有时大，有时小。

(4) 如果你房间的灯坏了，<u>电工</u>可以马上帮你修理。

(5) 玛丽不戴<u>眼镜</u>看不了书。

(6) 玛丽的照相机坏了，得换一个<u>零件</u>。

(7) 一个外国人在中国生活，可能会遇到很多<u>困难</u>。

(8) 玛丽那儿有我一封信，我去她那儿<u>取</u>。

3. 听句子，回答问题。

(1) 玛丽宿舍的水龙头坏了。

(2) 大卫要去银行取钱。

(3) 现在早上6点天就亮了。

(4) 玛丽，你的手指怎么了？

(5) 邮局的营业员让玛丽填一张单子。

4. 听后用"怪不得"复述对话。

(1) A：保罗在中国学了三年汉语了。

　　B：<u>怪不得他的汉语这么好。</u>

(2) A：那家餐馆的菜又便宜又好吃。

　　B：<u>怪不得他每天去那儿吃饭。</u>

(3) A：小王以前是乒乓球运动员。

　　B：<u>怪不得他（打）乒乓球打得这么好。</u>

36

(4) A：大卫明天有考试。
　　B：<u>怪不得他这么晚还没睡觉呢</u>。
(5) A：你看，我的自行车没气了。
　　B：<u>怪不得你推着走呢</u>。

5. **根据提示，听后复述句子和对话。**

　　(1) 中国人吃饭的习惯是<u>先喝酒，再吃饭</u>。
　　(2) 我们学习新课的时候总是<u>先学生词，再学课文</u>。
　　(3) 星期天我打算<u>先写作业，再打网球</u>。
　　(4) A：你去商店吗？
　　　　B：我饿极了，我想<u>先去吃饭，再去商店</u>。
　　(5) A：来中国你不想去别的地方玩儿玩儿吗？
　　　　B：我想<u>先学好汉语，再去旅行</u>。

6. **听后复述句子。**

　　(1) 要是太贵，我就不修了。
　　(2) 要是太远，我就不去了。
　　(3) 要是电池没电了，换个电池就行了。
　　(4) 要是修车的师傅很忙，你就先把车放在那儿。
　　(5) 来我家以前，最好先给我打一个电话。
　　(6) 我也不知道对不对，你最好再问问老师。
　　(7) 骑自行车很方便，你最好买一辆。

四、听课文做练习

课文一

（情景：大卫在路上遇见了他的中国朋友王建。）

大卫：王建，你去哪儿？
小王：我刚从图书馆出来。看书看累了，想去打会儿球。你呢？
大卫：你看我的自行车，昨天刚打了气，今天就没气了。

小王：怪不得[1] 你推着自行车走呢。

大卫：我正要找人问问哪儿能修自行车呢。

小王：咱们学校里面就有一个修车的地方。

大卫：在哪儿啊？

小王：就在七号宿舍楼的旁边。

大卫：是吗？我去看看。

小王：要是修车的师傅很忙，你可以先把车放在那儿，修好了再去取。[2]

大卫：知道了。

小王：我陪你一块儿去吧。

大卫：不用了。我想我能找到。

1. 听第一遍后判断对错。

   (1) ×   (2) √   (3) ×   (4) ×

（情景：玛丽去修手表。）

玛丽：师傅，您看，我的表不走了。您看是不是电池没电了？

师傅：我看一下。这电池用了多长时间了？

玛丽：三个月前换的。

师傅：电池可能没问题。

玛丽：那是哪儿的毛病啊？

师傅：得打开检查一下才能知道。

玛丽：您打开吧。

师傅：好。你看，就是这个零件坏了，得换一个新的。

玛丽：换新的？要是太贵，我就不修了，去买一块新的。

师傅：换零件当然比买新的便宜了。二十块。

玛丽：那就换吧。多长时间能修好？

师傅：你先放在这儿，明天来取，行吗？

玛丽：好吧。

师傅：给你单子。明天拿着这张单子来取就行。

1. 听第一遍后判断对错。

(1) √　　　(2) ×　　　(3) √　　　(4) √

课文三 🎧

(情景：玛丽房间里的灯坏了，她去找宿舍楼管理员。)

玛　丽：管理员，我房间里的灯不亮了。
管理员：你住哪个房间？
玛　丽：我住302号房间。
管理员：好，你回房间等着吧。我打个电话叫电工马上来。
玛　丽：我现在要去上课。下午来修，行吗？
管理员：下午几点？
玛　丽：两点以后我在宿舍。
管理员：可以。
大　卫：哎，玛丽，你在这儿干什么呢？
玛　丽：我房间的灯坏了，跟管理员说一下。
大　卫：对了，管理员，我房间的空调也出问题了，今天下午能修吗？
管理员：今天电工师傅很忙，下午四点左右来修，怎么样？
大　卫：能不能早点儿？
管理员：你等一下，我问问。（打完电话以后）两点半，行吗？
大　卫：好。谢谢您。
管理员：不客气。
玛　丽：大卫，你去教室吗？一起走吧。

1. 听第一遍后判断对错。

(1) ×　　　(2) ×　　　(3) √　　　(4) ×

五、综合练习

1. 听后复述句子。 🎧

(1) 请问,哪儿能修理自行车?
(2) 我的车先放在这儿,一会儿再来取,行吗?
(3) 是不是电池没电了?
(4) 要是太贵,我就去买一个新的。
(5) 多长时间能修好啊?
(6) 师傅,什么时候能来给我修啊?

2. 模仿例子说句子。 🎧

❶ 听到"手表"一词,请说出:我的手表坏了,哪儿可以修理手表啊?

(1) 自行车　　(2) 照相机　　(3) 录音机　　(4) 鞋　　(5) 眼镜

参考答案:

(1) 我的自行车坏了,哪儿可以修理自行车啊?
(2) 我的照相机坏了,哪儿可以修理照相机啊?
(3) 我的录音机坏了,哪儿可以修理录音机啊?
(4) 我的鞋坏了,哪儿可以修鞋啊?
(5) 我的眼镜坏了,哪儿可以修理眼镜啊?

❷ 听到"灯"一词,请说出:管理员,我宿舍的灯出了毛病,请找人给我修理一下吧。

(1) 电话　　(2) 空调　　(3) 水龙头

参考答案:

管理员,我宿舍的电话坏了,请找人给我修理一下吧。
管理员,我宿舍的空调坏了,请找人给我修理一下吧。
管理员,我宿舍的水龙头坏了,请找人给我修理一下吧。

六、泛听练习

泛听一 🎧

在中国生活的日子里,你可能会遇到各种困难。如果你的什么东西坏了,就得去修理。眼镜店可以修理眼镜,钟表店可以修理手表。自行车坏了,要修理就更方便了,因为学校里、马路边都有修自行车的。不过,修理之前,最好先问问多少钱,再决定是修理还是买新的。当然,要是你宿舍里的灯、电话、水龙头坏了,你只要告诉管理员,就会有人来给你修理。要是你在中国刚买的电视、录音机什么的出了毛病,也不要紧,因为有保修卡,一般一年内厂家会免费为你修理。

泛听二 🎧

大卫的皮鞋前边张开了"大嘴"。他想买双新的,同屋告诉他这双鞋修一下还可以穿。同屋带大卫来到了修鞋的地方。大卫问修鞋的师傅:"修这双鞋要多少钱?"师傅伸出五个手指。大卫说:"啊?五十块?"师傅笑了笑说:"是五块!"大卫听了,高兴地让师傅修好了鞋。他穿上修好的鞋,对同屋说:"这比买一双新鞋便宜多了。"

录音文本及答案

第八课　休闲娱乐

三、热身练习

2. 听句子，写出刚学过的生词。 🎧

(1) 我朋友家<u>养</u>了一只狗和两只猫。

(2) 我最大的<u>爱好</u>是看书。

(3) 东方人和西方人的生活<u>方式</u>不同。

(4) 同学们的问题真是<u>五花八门</u>。

(5) 小王真是个<u>球迷</u>，电视里的球赛他每场都要看。

3. 听后用"虽然……但是……"改说句子。 🎧

(1) 他已经七十岁了，他还能爬山。

(2) 他在北京的时间不长，他认识很多朋友。

(3) 这个菜不好看，这个菜很好吃。

(4) 他不会打保龄球，他对保龄球很感兴趣。

(5) 这个足球队的水平不高，这个足球队的球迷很多。

参考答案：

(1) 虽然他已经七十岁了，但是他还能爬山。

(2) 虽然他在北京的时间不长，但是他认识很多朋友。

(3) 虽然这个菜不好看，但是这个菜很好吃。

(4) 虽然他不会打保龄球，但是他对保龄球很感兴趣。

(5) 虽然这个足球队的水平不高，但是这个足球队的球迷很多。

4. 听后用"而且"复述句子。 🎧

(1) 他不但爱吃中国菜，<u>而且爱吃日本菜</u>。

(2) 他不但会说汉语，<u>而且会说法语</u>。

(3) 抽烟不但对自己的身体不好，<u>而且对身边人的身体也不好</u>。

(4) 不但中国人喜欢喝茶，<u>而且很多外国人也喜欢喝茶</u>。

(5) 不但我听不懂上海话，<u>而且很多中国人也听不懂上海话</u>。

5. 听后复述句子。 🎧

(1) 我对种花儿很感兴趣。

(2) 他对中国文化很感兴趣。

(3) 说了半天，自己倒忘了。

(4) 这个难的句子你说对了，容易的倒说错了。

(5) 这可是个有名的大学。

(6) 我可不喜欢散步。

(7) 你说得对是对，可是太慢了。

(8) 游泳我会是会，可是游得不太好。

(9) 我没有时间，要不然你自己去吧。

(10) 我不会跳舞，要不然我们去唱卡拉 OK 吧。

四、听课文做练习

课文一 🎧

（情景：大卫和彼得正在宿舍里写作业。）

大卫：我写了半天汉字了，手都酸了。我想出去活动活动，你去不去？

彼得：我可不喜欢散步。

大卫：我不是说散步，我是说打球什么的。

彼得：这么热的天儿，打球不是更热吗？

大卫：那你说干什么？

彼得：我看还是去游泳好。游泳不但可以锻炼身体，而且还能凉快凉快。[1]

大卫：游泳好是好，可是去哪儿游啊？

彼得：咱们学校旁边的宾馆里可以游。

大卫：那现在就去吧。

彼得：好。游完了泳，顺便去那儿的咖啡厅喝点儿东西。那儿的环境不错。

大卫：你等我两分钟，我准备一下。

1. 听第一遍后判断对错。

(1) ×　　　(2) √　　　(3) ×　　　(4) ×

课文二

(情景：到周末了，玛丽和大卫商量去哪儿轻松一下。)

玛丽：辛苦了一个星期了，今天咱们要好好儿轻松一下。
大卫：我好久没看电影了。最近有什么好电影吗?
玛丽：有好电影咱们也看不懂啊。
大卫：是啊。哎，咱们去尝尝中国的小吃，晚上再去老舍茶馆坐坐怎么样?
　　　老师告诉我那儿可以一边喝茶、吃点心，一边看京剧什么的。[2]
玛丽：我对京剧也很感兴趣。可是咱们刚吃饱，还吃得下去吗?
大卫：也是啊。
玛丽：要不然，咱们去打保龄球吧。
大卫：你会打保龄球吗?
玛丽：当然了。这样吧，咱们俩比赛。要是我赢了，你请我吃饭，行不行?
大卫：没问题。不过要是我赢了呢?
玛丽：当然是我请你吃饭了。
大卫：那你就等着请我吧。

1. 听第一遍后判断对错。

(1) ×　　(2) ×　　(3) √　　(4) √　　(5) √

课文三

(情景：大卫和他的中国朋友一起从图书馆出来。)

大卫：王建，我想问你一个问题。
小王：什么问题?
大卫：我看见很多老人在路边或者公园里跳舞，他们是在——
小王：他们在锻炼身体呢。很多老人退了休，在家里没什么事，就喜欢种花、养鱼。
　　　也有些老人喜欢去公园跳舞、唱京剧什么的。

大卫：那年轻人怎么让自己轻松一下呢？

小王：年轻人喜欢运动啊，比如打球、游泳。我就很喜欢游泳。

大卫：除了运动以外呢？

小王：要说爱好嘛，那可就多了。比如跟朋友去唱卡拉OK、去迪厅跳舞、玩儿牌、下棋等等。

大卫：周末人们都做些什么呀？

小王：听音乐会，看演出或比赛，还有些人去郊外玩儿。对了，今天是周末，咱们俩骑自行车去公园吧。

大卫：太好了，圆明园离学校不远，我还没去过呢。

小王：那咱们就一起去圆明园吧。那儿有一个很大的湖，可漂亮了。

1. 听第一遍后填空。

(1) 大卫看见很多人在路边或公园里<u>跳舞</u>。

(2) 很多老人退休了，在家里没什么事，就喜欢种<u>花</u>、<u>养鱼</u>。

(3) 年轻人喜欢运动，比如<u>打球</u>、游泳。

(4) 年轻人有各种各样的爱好，比如说<u>去唱卡拉OK</u>、<u>去迪厅跳舞</u>、<u>玩儿牌</u>、<u>下棋</u>等等。

五、综合练习

1. 听后判断下列句子是否与休闲、娱乐有关。 🎧

(1) 昨天晚上他一边听CD，一边看杂志。　　　　　　　　　　　　　(√)

(2) 他骑自行车来教室上课。　　　　　　　　　　　　　　　　　　(×)

(3) 王大爷养了几千条鱼，卖了不少钱。　　　　　　　　　　　　　(×)

(4) 小王明天要参加游泳比赛。　　　　　　　　　　　　　　　　　(×)

(5) 吃完饭，我和同屋喜欢出去走走。　　　　　　　　　　　　　　(√)

(6) 小王今天晚上有演出。　　　　　　　　　　　　　　　　　　　(×)

(7) 我现在没事，咱俩下会儿棋吧。　　　　　　　　　　　　　　　(√)

(8) 他没事的时候喜欢去钓鱼。　　　　　　　　　　　　　　　　　(√)

2. 连线，组成短语。

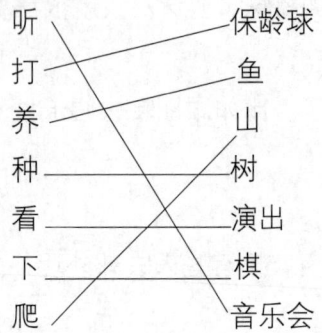

听　　　保龄球
打　　　鱼
养　　　山
种　　　树
看　　　演出
下　　　棋
爬　　　音乐会

3. 听后复述句子。

(1) 我想出去活动活动，你去不去？
(2) 游泳好是好，可是我不会。
(3) 我对打保龄球很感兴趣。
(4) 我没事的时候，就喜欢听听音乐、看看电视什么的。
(5) 除了打球以外，我还喜欢唱歌、跳舞。

六、泛听练习

现在很多人学习和工作都很紧张。可是人们不能总是紧张，那样对身体不好。这就需要休闲、娱乐活动。休闲、娱乐的方式多种多样。每个人的兴趣、爱好不同，可以选择不同的休闲娱乐方式。很多韩国人喜欢去唱卡拉OK或者周末去爬山。德国男人可能愿意去酒吧喝杯啤酒，跟朋友聊聊天儿。美国人可能喜欢去看NBA或者橄榄球比赛。那么中国人呢？休闲的方式也是五花八门。你想不到吧？中国有很多球迷，虽然球票很贵，但是很多球迷也要买票看足球比赛。[3]还有的人约朋友一起去钓鱼。总之，各种健康的休闲、娱乐活动对身体都有好处。你来中国除了学习以外，也别忘了要经常让自己轻松一下呀。

听后选择正确答案。

(1) 人们很紧张的时候，需要做什么？　　　　　　　　　　　　　(A)
(2) 哪个国家的人很喜欢去卡拉OK唱歌？　　　　　　　　　　　　(C)
(3) 中国人休闲的方式多吗？　　　　　　　　　　　　　　　　　(B)
(4) 很多美国人喜欢看什么比赛？　　　　　　　　　　　　　　　(B)
(5) 中国的球迷多不多？　　　　　　　　　　　　　　　　　　　(A)

录音文本及答案

第九课 谈学习

三、热身练习

1. 用本课生词改说句子。

参考答案：

(1) 我们没有<u>期中</u>考试。

(2) 休息十分钟以后木村<u>继续</u>说。

(3) 我看汉字<u>速度</u>太慢，所以时间<u>来不及</u>了。

(4) 现在我最<u>担心</u>的是听力考试。

(5) 坐公共汽车去那个地方太<u>麻烦</u>了。

(6) 那个地方我认识，你<u>跟</u>着我走就行了。

(7) 我不是不<u>愿</u>意学，是没有钱。

(8) 他<u>根本</u>不知道为什么错了。

2. 听句子，判断对错。 🎧

(1) 我们班又有期中考试又有期末考试。

(2) 你那么忙，我还是不打扰了。

(3) 除了综合课和口语课以外，我们还有听力课、报刊课和阅读课。

(4) C班对我来说太容易，D班又太难。

(5) 他看见别人学，自己就想跟着学。

(6) 学了一上午了，我正想休息休息呢。

(1) √　　(2) ×　　(3) ×　　(4) √　　(5) ×　　(6) √

3. 根据提示，听后复述句子。 🎧

(1) 都这么晚了，<u>还</u>来打扰您，真对不起。

(2) 我打算下个学期<u>继续</u>跟你学游泳。

(3) 学了一个学期以后，大卫的汉语水平<u>比刚到北京时提高了</u>很多。

(4) 我的阅读能力还很低，所以现在还<u>看不懂</u>中文报刊。

47

(5) 我不知道该怎么办了，你能不能帮帮我，给我提一个好建议？

(6) 我星期一和星期四下午没有时间，因为我请了一个中国朋友给我辅导汉语。

四、听课文做练习

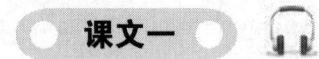

（情景：安娜在路上遇见木村。）

安娜：木村，好久不见了，最近怎么样？

木村：哎呀，忙死了！我们要考试了。

安娜：怎么现在考试？是期中考试吗？

木村：不是，我们12周班没有期中考试，只有一次期末考试。

安娜：那多好啊，我们20周班有两次考试呢。

木村：可是你们的学习时间比我们长啊，当然应该考两次。

安娜：那倒是。

木村：你们的期中考试考完了吗？

安娜：上个星期刚考完。

2. 听第二遍后连线。

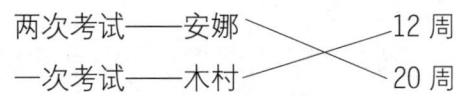

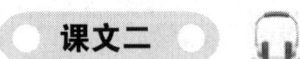

（情景：木村和安娜继续谈话。）

木村：到我宿舍去坐一会儿吧。

安娜：你那么忙，我还是别打扰了。

木村：没关系，学了一上午了，我正想休息休息呢。

安娜：好吧。你们一共考几门啊？

木村：三门：综合、口语和听力。

安娜：比我们少，我们还有报刊和阅读。

木村：你们的期中考试难吗？

安娜：报刊和阅读很难。因为我看汉字的速度太慢，时间有点儿来不及，而且报刊考试里有一些新闻中常用的词，特别难。

木村：我现在最担心的是听力考试。

安娜：你平时应该多跟中国人聊天儿。

木村：我觉得中国人说话太快，我听不懂，就不敢跟他们说话了。

安娜：那可不行。

1. 听第一遍后判断对错。

   (1) ×　　　(2) √　　　(3) √　　　(4) ×　　　(5) ×　　　(6) √

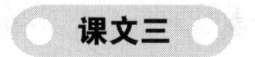

课文三

（情景：小王跟大卫谈话。）

小王：大卫，你下学期还在这儿学习吗？

大卫：现在还没决定。不过我很想继续学汉语。

小王：想学就再学半年吧。

大卫：可是我不知道该参加哪个班。

小王：为什么？

大卫：现在我在B班学习，老师说，下学期如果去C班可能太容易了。

小王：那你就去D班吧。

大卫：但是我又担心D班太难了。

小王：有没有水平在C班和D班中间的班？

大卫：就是因为没有这样的班，所以很麻烦。你有什么建议吗？

小王：我觉得你还是去D班吧。虽然难一点儿，但提高得快。

大卫：要是我一点儿也听不懂怎么办？

小王：你可以找个辅导老师。再说，[1]你也不会都听不懂啊。

五、综合练习

1. 听后复述句子，然后用指定词语造句。

   (1) 你可以找个辅导老师。再说，你也不会都听不懂啊。

(2) 你来得太好了！我正想找你呢。

(3) 我觉得中国人说话太快，我听不懂，就不敢跟他们说话了。

(4) 听力课上木村常常很着急，可是越着急越听不懂。

(5) 这次考试很容易，你不会不及格。

2. 连线，组成短语。

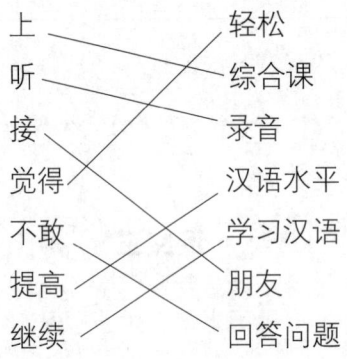

六、泛听练习

泛听一

木村在北京语言大学汉语速成学院学习。他现在是 B 班的学生。他一共有三门课：综合、口语和听力。木村最喜欢综合课，因为他喜欢学习语法，更重要的原因是，综合课的课文很有意思，老师讲得也很好，还常常开玩笑。上综合课的时候木村觉得很轻松，一点儿也不累。对日本人来说，口语和听力比较难。木村汉语说得很慢，所以口语课上他回答问题的时候非常紧张。听力课上听录音时，木村常常很着急，可是越着急越听不懂[2]。

泛听二

（情景：丈夫和妻子一边做饭一边聊天儿。）

妻子：今天我去幼儿园接小红，她说想参加英语班。

丈夫：汉语还说不好呢，学什么英语呀？

妻子：可是幼儿园好多小孩儿都要学呢。

丈夫：小孩子看见别人学，自己就想跟着学，其实她根本不知道英语是什么。

妻子：那以后上学了，别的孩子都学过，就咱们家小红没学过，多不好啊。
丈夫：这个班什么时候开始？
妻子：下个月。现在就开始报名了。
丈夫：一个班学多长时间？
妻子：两个月。咱给小红报个名吧。
丈夫：两个月能学会什么呀？就是学了，等她上学的时候也早就忘了。[3]
妻子：你是不是不愿意花这个钱啊？
丈夫：为了孩子，花多少钱我都愿意，只是我觉得这个钱花了也没有用。

录音文本及答案

第十课　家　庭

三、热身练习

2. 用本课生词回答问题。

参考答案：

(1) 退休了。　　(2) 打工得到的。　　(3) 放假了。　　(4) 家务。

(5) 保姆。　　　(6) 寂寞。　　　　　(7) 她在谈恋爱。

3. 听句子，回答问题。 🎧

(1) 最近小王很少去酒吧喝酒，因为他要攒钱。

(2) 小李和小张有矛盾，他们见面互相不打招呼。

(3) 小王想找个工作挣些钱。

(4) 玛丽搬家了，所以大卫没找到她。

(5) 小李没有邀请小张参加他的生日晚会。

(6) 看电视耽误学习，所以小明的妈妈不让他看电视。

(7) 他羡慕老师这个工作，所以想当一名老师。

4. 听后用"是……，而不是……"复述对话。 🎧

(1) A：听说你是个足球迷，那你很喜欢踢足球吧？

　　B：<u>我喜欢的是看足球比赛，而不是踢足球。</u>

(2) A：什么？你说你坐货车去的天津？

　　B：<u>我说的是火车，而不是货车。</u>

(3) A：你怎么不看中文小说？你不爱看吗？

　　B：<u>我是看不懂，而不是不爱看。</u>

(4) A：你为什么不想告诉我？

　　B：<u>我是不知道，而不是不想告诉你。</u>

5. 听后用"只要……就……"复述对话。🎧

   (1) A：明天你去颐和园吗？
       B：<u>只要有时间我就去。</u>
   (2) A：怎样才能学好汉语？
       B：<u>只要努力，你就能学好汉语。</u>
   (3) A：你陪我去王府井，怎么样？
       B：<u>只要你请我吃午饭，我就陪你去。</u>
   (4) A：你喜欢吃中国菜吗？
       B：<u>只要不是辣的，我就喜欢吃。</u>

6. 听后复述句子。🎧

   (1) 买自行车花不了多少钱。
   (2) 打工挣不了多少钱。
   (3) 我做的菜不像他说的那么难吃。
   (4) 北京的夏天不像你说的那么热。
   (5) 墙上挂着的是小王的大衣。
   (6) 桌子上放着的是我的词典。
   (7) 他手里拿着的是一本书。
   (8) 中间坐着的是你父母吗？

四、听课文做练习

课文一 🎧

（情景：彼得在出租车上和司机聊天儿。）

彼得：师傅，这么晚还在外面开车，够辛苦的啊。
司机：是啊，我上有老，下有小，得养家，还得攒钱。
彼得：中国人攒钱是为了退休以后用，对吗？
司机：你说对了一半。还有买房、将来孩子上大学、结婚都得用啊。
彼得：可是大学生可以打工挣钱呀。
司机：现在打工的学生是比以前多了，但一般只在放假的时候，而且也挣不了多少钱。学费、生活费还得父母给。

彼得：那孩子结婚也都要父母给钱吗？

司机：父母怎么也得帮助他们一些嘛。年轻人刚工作，工资不高，可花钱的地方却很多，比如交朋友、谈恋爱什么的。

彼得：父母对孩子的希望也很大吧？

司机：谁不希望自己的孩子好啊？孩子的生活好，父母也就放心了。

彼得：那么孩子长大以后也要照顾父母吧？

司机：要是能啊，就最好了。

1. 听第一遍后判断对错。

(1) √   (2) ×   (3) ×   (4) ×   (5) √

课文二

（情景：玛丽和她的韩国同学金大成聊天儿。）

玛　丽：我的朋友这个星期六举行婚礼，邀请我参加。你看我送他们什么礼物好呢？

金大成：你先说清楚是谁跟谁结婚啊。

玛　丽：我的美国朋友和他的中国女朋友结婚。

金大成：我听说中国女人很厉害，你朋友敢娶中国女人？

玛　丽：不是啊，我见过那个女孩子两次，又温柔又漂亮，不像你说的那么可怕。

金大成：那为什么我们的课本里说很多中国男人都做家务啊？

玛　丽：是丈夫帮助太太嘛，这有什么不好呢？

金大成：可我爸爸从来不进厨房，家里的事都是我妈妈做。

玛　丽：那你妈妈结婚以后工作吗？

金大成：不工作啊。

玛　丽：可现在中国女孩子都工作，夫妻都工作，也都做家务。这是男女平等，而不是女人厉害。[1]

金大成：也许吧，可两个不同国家的人，想法和生活习惯都不同，婚姻能长久吗？

玛　丽：只要现在他们相爱就行了。[2] 对了，你还没告诉我送什么礼物好呢。

金大成：我又不是美国人或者中国人。你去问问别人吧。

1. 听第一遍后判断对错。

(1) ×　　　(2) ×　　　(3) √　　　(4) √　　　(5) ×

课文三 🎧

(情景：彼得和张老师聊天儿。)

彼　　得：张老师，墙上挂着的是您全家人的照片吧？
张老师：是啊。
彼　　得：中间坐着的是你的父母吗？
张老师：是。
彼　　得：您现在不跟父母一起住吗？
张老师：我们结婚以后就搬出来自己住了。
彼　　得：我发现中国的三口之家很多，老人愿意和儿女分开住吗？
张老师：如果两个老人身体健康的话，儿女和老人都愿意自己住。
彼　　得：为什么呢？
张老师：老人和年轻人的生活方式不同，住在一起不太方便。
彼　　得：也容易产生矛盾吧？
张老师：是啊。现在这样很好。我们常给父母打电话，周末有时间的时候，带着孩子去看看老人。
彼　　得：那将来老人不能照顾自己了，怎么办呢？
张老师：那就给他们请个保姆，或者接来跟我们一起住。我们怎么都可以，只要老人高兴就行。

1. 听第一遍后判断对错。

(1) √　　　(2) ×　　　(3) ×　　　(4) √

五、综合练习

1. 听对话，回答问题。 🎧

(1) 女：师傅，您的工作够辛苦的啊。
　　男：可不是嘛，挣钱容易吗？

(2) 男：你儿子现在做什么工作？
　　女：我们做父母的希望他当大夫，可他却当了老师。

(3) 女：哎，小王结婚了吗？
　　男：你还不知道啊？她早就嫁给一个美国人了。

(4) 男：你丈夫帮你做家务吗？
　　女：他呀，总是说他忙，没有时间。

(5) 女：这是你们全家人的照片吗？
　　男：是啊，我前边坐着的是我父母，我左边是我弟弟，右边是我妹妹。

(6) 女：你现在跟父母一起住吗？
　　男：我已经从父母那儿搬出来了。

(7) 女：你每个星期天都去看父母吗？
　　男：只要我有时间就去。

(8) 男：张老师，你家在哪儿？
　　女：在学校北边，走七八分钟就到了。

六、泛听练习 🎧

（情景：两个中年妇女在一起聊天儿。）

A：我真羡慕住楼上的小两口儿，人家不要孩子，买了一辆车，一到假日就出去玩儿，多好啊。

B：现在是好，可等以后老了就该觉得寂寞了。养孩子也有养孩子的乐趣。

A：你没听人说吗？乐趣只占三分之一，辛苦却占三分之二。

B：这话说得也没错。你看，周末我们得带孩子来学钢琴，可没孩子的夫妻就可以开心地去玩儿了。各有各的乐，各有各的苦啊！

A：人家觉得年轻的时候工作、娱乐都不耽误，这才是最重要的。

录音文本及答案

第十一课　北京见闻

三、热身练习

2. 把下列意思相反或相对的词用线连起来。

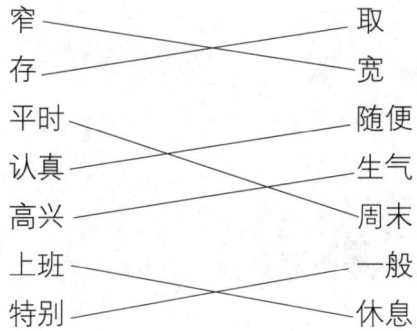

3. 听句子，判断对错。

(1) 看来你骑车的水平还不行啊。
(2) 那是"步行街"。
(3) 有很多逛王府井的人是外地来的。
(4) 今天虽然不是休息日，但是我轮休。
(5) 中国人只有在特别的场合才穿旗袍。
(6) 你说话太随便了，他当然生气了。

(1) √　　(2) ×　　(3) √　　(4) √　　(5) ×　　(6) √

4. 根据提示，听后复述句子。

(1) 这条路很窄，车又很多，可是他骑得那么快，骑车技术真好。
(2) 我想换宿舍，因为这个房间太窄了。
(3) 今天下课以后我想去银行存钱。
(4) 对好朋友说话比较随便。
(5) 明天晚上有联欢晚会，他是联欢会的主持人。
(6) 明天晚上有联欢晚会，同学们准备了精彩的节目。

5. 根据提示，听后复述对话。

(1) A：你现在的班怎么样？
　　B：挺好的。

(2) A：你为什么不坐公共汽车去？
　　B：因为骑车既方便又省钱。

(3) A：下星期的考试你都准备好了吗？
　　B：除了口语以外，别的都准备好了。

(4) A：你常常这么晚才起床吗？
　　B：只有周末才这么晚起床。

四、听课文做练习

（情景：刘凤跟彼得一起骑车去王府井。）

彼得：刘凤，你骑慢点儿。

刘凤：怎么了？累啦？

彼得：不是，北京的车太多了，在这么挤的路上骑车，我挺紧张的[1]。

刘凤：看来你的水平还不行啊。

彼得：我真羡慕北京人的骑车技术。路这么窄，可是他们骑得那么快。

刘凤：每天在这样的路上骑，都练出来了。

彼得：北京骑车的人真多啊！

刘凤：是啊。北京几乎每个家庭都有自行车，我家就有两辆自行车。

彼得：在我们国家可没有那么多骑车的人。

刘凤：骑车方便啊。坐公共汽车，有时候为了换车得走很远；要是每天打车，又太贵。

彼得：对，骑车还能锻炼身体呢。

1. 听第一遍后判断对错。

(1) ×　　(2) √　　(3) ×　　(4) ×　　(5) √

课文二 🎧

（情景：彼得和刘风到了王府井。）

刘风：到了，咱们把车存在这儿吧。

彼得：骑过去多好啊。

刘风：那条路不能骑车。

彼得：是吗？为什么？

刘风：那是"步行街"，意思是在那条路上只能走路，不能骑车。

彼得：没想到王府井的人这么多。

刘风：所以在这儿不让骑车。

彼得：怎么会有这么多人？今天不是周末啊，他们不上班吗？

刘风：王府井每天都有这么多人，有很多是外地来的，还有的是轮休的。

彼得：什么是轮休？

刘风：就是一般人休息的时间，他们要上班，比如周末或者晚上，所以他们休息的时候，就是别人的上班时间。

课文三 🎧

（情景：玛丽跟李玉聊天儿。）

玛丽：昨天我给小王打电话，他不在。接电话的是个老人，听起来他好像有点儿不高兴。

李玉：你是不是说话太随便了？

玛丽：没有啊，我挺客气的，可不像跟你们在一起这么随便。

李玉：你什么时候打的电话？

玛丽：大概中午一点多。

李玉：你不应该在这个时候打电话。

玛丽：为什么？

李玉：有些中国人有午睡的习惯，特别是老人。中午一点多，人家可能正睡午觉呢。

玛丽：哦，明白了，怪不得有的单位中午找不到人。

李玉：不过现在很多年轻人中午都不睡午觉了。

1. 听第一遍后判断对错。

  (1) × (2) √ (3) × (4) √ (5) × (6) √

五、综合练习

1. 听后复述句子。

(1) 在这么挤的路上骑车,我挺紧张的。
(2) 我真羡慕北京人的骑车技术。
(3) 那是"步行街",意思是只能走路,不能骑车。
(4) 王府井每天都有很多人,有的是外地来的,有的是轮休的。
(5) 跟老人说话可不能这么随便。
(6) 有些中国人有午睡的习惯,所以有的单位中午找不到人。

六、泛听练习

红色是中国人很喜欢的颜色。比如,传统的婚礼上,新娘应该穿红色的衣服;节日的时候,很多地方都挂上红色的灯笼;给人钱的时候,用红纸包着,叫"红包",等等。这是因为中国人觉得红色是喜庆的颜色,它表示幸福、快乐的意思。

泛听二

(情景:田中和李玉在商场。)

李玉:你不是想买旗袍吗?这儿有卖的。
田中:太好了,你帮我挑一件。
李玉:没问题。你穿旗袍一定好看。
田中:来中国的日本女孩儿一般都想带一件旗袍回去。你有旗袍吗?
李玉:没有。平时没有穿的机会。
田中:为什么?你们平时不穿旗袍吗?
李玉:对,一般都不穿,因为太不方便了。穿旗袍既不能骑车,也不能快走。[2]
田中:那中国人什么时候穿旗袍呢?
李玉:一般人只有在比较特别的场合才穿,比如重要的晚会什么的。
田中:我看见有的餐厅服务员也穿。
李玉:除了餐厅服务员以外,电视节目主持人有时候也穿。

录音文本及答案

第十二课　社会问题

三、热身练习

2. 用本课生词回答问题。

参考答案：

(1) 危险。　　(2) 打招呼。　　(3) 加塞儿。　　(4) 污染。
(5) 很拥挤。　(6) 很热情。　　(7) 玩具。　　　(8) 交通事故。

3. 听句子，写出刚学过的生词。

(1) 每个运动员都要<u>遵守</u>比赛<u>规则</u>。
(2) 你有什么问题大家可以帮你<u>解决</u>。
(3) 学院尽力满足学生的<u>要求</u>。
(4) 公司和公司之间的<u>竞争</u>是正常的。
(5) 那个学校<u>培养</u>出了不少画家。
(6) 你能<u>适应</u>在中国的留学生活吗?

4. 听后用"怎么……呢?"改说句子。

(1) 你是我的好朋友，我当然要帮助你!
(2) 你一会儿这样说，一会儿那样说，别人不可能相信你啊!
(3) 学了那么多生词，我不可能都记住。
(4) 北京的名胜古迹很多，一天不可能逛完。
(5) 我来北京半年了，当然吃过北京烤鸭了。

参考答案：

(1) 你是我的好朋友，我怎么能不帮助你呢?
(2) 你一会儿这样说，一会儿那样说，别人怎么能相信你呢?
(3) 学了那么多生词，我怎么能都记住呢?
(4) 北京的名胜古迹很多，一天怎么能逛完呢?
(5) 我来北京半年了，怎么能没吃过北京烤鸭呢?

5. 听后用"连……都/也……"复述句子。

   (1) 最近我实在太忙了,<u>连看电视的时间也没有</u>。

   (2) 有些地方的人什么都敢吃,<u>连老鼠肉也敢吃</u>。

   (3) 这个问题太简单了,<u>连小孩子都能回答</u>。

   (4) 你要的东西太难买了,<u>连王府井也没有</u>。

   (5) 我真的不能喝酒,<u>连啤酒也不能喝</u>。

6. 根据提示,听后复述对话。

   (1) A:你的衣服真漂亮啊!

      B:<u>还是名牌货呢</u>。

   (2) A:我们去天安门吧。

      B:好啊,<u>还可以顺便参观故宫呢</u>。

   (3) A:我们骑自行车去怎么样?

      B:好啊,<u>还可以锻炼身体呢</u>。

   (4) A:我们应该坐公共汽车去。

      B:行,<u>还可以练习口语呢</u>。

   (5) A:你们医生很辛苦吧?

      B:<u>可不是嘛</u>。

   (6) A:快要考试了,你们学习很紧张,是不是?

      B:<u>可不是嘛</u>。

   (7) A:你练习半天发音了,累了吧?

      B:<u>可不是</u>?我又累又渴。

四、听课文做练习

课文一

(情景:大卫和他的中国朋友李玉在公共汽车站等车。)

大卫:李玉,你看人这么多,看来这车不好坐。还是坐出租车吧。

李玉:现在公共汽车和地铁都增加了很多,坐车不像以前那么难了。

大卫:对,前几天我坐过一种没有售票员的公共汽车,一点儿也不挤。

李玉:这儿有好几路车都可以到学校,等等看吧,说不定车马上就到呢。

大卫：来中国以前，我听说北京的公共汽车常常挤得连站的地方都没有。
李玉：是啊，可现在好多了，北京市政府正在大力改造北京的道路，新建和改造了不少立交桥。
大卫：我们学校南边就在修马路呢。路两边的房子也拆了很多。是不是要加宽马路啊？
李玉：听新闻说，这是为了增加北京的绿地面积。今后北京会越来越漂亮，环境会越来越好。欢迎你以后再来北京。
大卫：我很喜欢北京，再说又有你这么一个好朋友，有机会，我一定来。哎，车来了。
李玉：还挺空的呢。[1] 咱们上车吧。
大卫：好。今天真是太棒了！
李玉：怎么了？
大卫：等车的时间连五分钟都不到。

1. 听第一遍后判断对错。

(1) √   (2) √   (3) ×   (4) ×

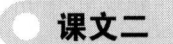

（情景：玛丽和她的中国朋友大明骑车外出。）

玛丽：大明，你骑这么快，我怎么能跟得上你呢？[2]
大明：怎么，你累了？
玛丽：不是，我是有点儿害怕。你看，马路上自行车这么多。
大明：你怕跟别人撞上，是吧？
玛丽：是啊，我总觉得挺危险的。
大明：没办法，中国人多嘛。
玛丽：人多会带来很多问题吧？
大明：当然了。你看，很多人骑自行车，同时，买汽车的人也越来越多，马路上比以前更拥挤了。哎，前边是红灯！
玛丽：红灯了，怎么那个人还往前走啊？
大明：这么热的天，可能是想早点儿回家休息吧。
玛丽：那也不能不遵守交通规则。这样多容易出交通事故啊！

大明：糟糕！前边又堵车了。
玛丽：车多，空气也不好了。
大明：这叫空气污染。
玛丽：噢，叫空气污染。连郊区的空气都污染得这么厉害，城里就更不用说了。[3]
大明：可不是嘛。[4] 政府也想了很多办法，为解决交通问题和污染问题作了很大努力。

1. 听第一遍后判断对错。

(1) √   (2) √   (3) ×   (4) √   (5) √

课文三 🎧

(情景：彼得和他的中国朋友李玉在商店买东西。)

彼得：你看，那个孩子为什么哭啊？
李玉：一定是他要什么东西，他妈妈不给他买。
彼得：你说得真对。你看，他妈妈给他买了那个玩具，他就不哭了。
李玉：现在中国家庭大多只有一个孩子，一般孩子有什么要求，家长都会满足他们。
彼得：这样对他们不太好吧？
李玉：是啊，有的孩子生活能力很差，都上小学了，还得让妈妈给穿衣服。
彼得：他们这样，将来长大了，怎么能适应社会竞争呢？
李玉：所以有些家长和学校开始注意培养孩子们各方面的能力。
彼得：我还有一个问题，以前中国的老人都是儿女来照顾吧？
李玉：是啊。
彼得：那以后家家都是一个孩子，孩子结婚以后，夫妻双方有四个老人，怎么办啊？
李玉：这也是很多中国人关心的问题。
彼得：有什么好办法吗？
李玉：不清楚。我想我老了以后会选择进养老院。

1. 听第一遍后判断对错。

(1) √   (2) ×   (3) ×   (4) √   (5) √

五、综合练习

1. 连线,组成短语。

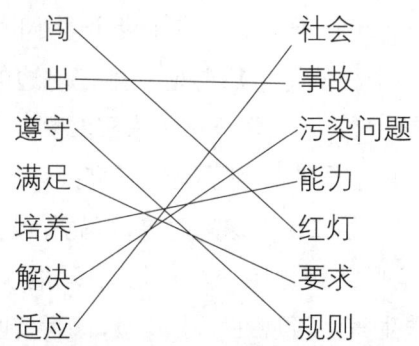

2. 听句子,判断哪些是反问句。 🎧

 (1) 哎,真奇怪,彼得怎么没来呀? (×)
 (2) 我不是已经告诉你了吗? (√)
 (3) 你想吃点儿什么吗? (×)
 (4) 今天怎么这么热啊? (×)
 (5) 下这么大的雨,我怎么出去啊? (√)
 (6) 刚来中国时,我哪儿都不认识。 (×)
 (7) 结婚哪能不请你啊? (√)
 (8) 我不是不知道,是不想告诉你。 (×)
 (9) 这么贵的东西,谁买呀? (√)

3. 听句子,判断哪些是表示不满的句子。 🎧

 (1) 他怎么还不来呀? (√)
 (2) 他还没来呢。 (×)
 (3) 这件事很重要,你应该告诉我。 (×)
 (4) 这么重要的事,你为什么不告诉我? (√)
 (5) 他买票没排队。 (×)
 (6) 他买票怎么能加塞儿呢? (√)
 (7) 你没看见我正忙着? (√)
 (8) 你看我正忙着呢。 (×)
 (9) 你知道危险,还开那么快? (√)
 (10) 你知道危险,就慢点儿开吧。 (×)

六、泛听练习 🎧

　　玛丽要跟朋友利用周末去大同旅行。她去买火车票的时候，看见售票大厅里排着很长的队，就排在最后，一点儿一点儿地往前走。她排了半个多小时，好不容易离窗口不远了。这时候，从外边走进来一个小伙子，热情地跟排在前边的一个人打招呼："哎，这不是小王吗？"那人说："是你呀，老同学。你也来买票啊？"说着，小伙子就站在前边一边聊天儿一边等着买票。他们很快买到了票，高高兴兴地走了。玛丽心里想："这个人买票不排队，太可气了！"第二天上课的时候，玛丽问老师："老师，不排队，站在别人前边，这叫什么？"老师告诉她叫"加塞儿"。玛丽说："昨天我买火车票的时候，有一个人加塞儿，我很生气。可现在不生气了，因为他让我学会了'加塞儿'这个词。"

录音文本及答案

第十三课　天气　季节

三、热身练习

2. 用本课生词回答问题。

参考答案：

(1) 恐怕记不住。　　(2) 为了避暑。　　(3) 来暖气了。

(4) 对皮肤不好。　　(5) 加湿器。　　　(6) 怕晒。

(7) 犹豫。　　　　　(8) 闷热。

3. 听句子，回答问题。

(1) 外面下雨了，挺冷的，我回来换一件长袖衣服。

(2) 一共 20 个孩子，平均每人两个苹果。

(3) 我真不喜欢这儿的冬天，太干燥了。

(4) 我从寒带地区来，怕热不怕冷。

(5) 四季中我最讨厌春天，沙尘太厉害。

(6) 这两种车差别不大，价格也差不多，很难选择。

(7) 我不敢参加冬泳，去哈尔滨是为了看冰灯。

4. 听后用"A 比 B……得多 / 多了 / 一点儿 / 具体数字"复述对话。

(1) A：新换的班怎么样？

　　B：<u>新换的班比以前的班好多了。</u>

(2) A：你好！好久不见！

　　B：<u>是啊！你比以前瘦了一点儿。</u>

(3) A：你觉得买哪种好？

　　B：<u>那种比这种便宜 20 块呢，买那种吧。</u>

(4) A：你家乡的天气怎么样？

　　B：<u>我家乡比这儿冷得多。</u>

5. 听后用"才"复述对话。

(1) A：今天的作业完成了多少？
    B：<u>才做完一道题，还有好多没做呢。</u>

(2) A：那个公司一个月能拿多少钱？
    B：<u>才1500多。</u>

(3) A：我们班有25个人。
    B：<u>我们班比你们班少，才19个人。</u>

(4) A：你去过中国哪些地方？
    B：<u>我才去过北京和上海两个地方。</u>

6. 听后复述句子。

(1) 怪不得古代皇帝要去那儿避暑。
(2) 怪不得他的汉语这么好。
(3) 怪不得你今天不高兴。
(4) 喝水也不管用。
(5) 吃了药，可是不管用。
(6) 这个办法特管用。
(7) 即使没有暖气也不太冷。
(8) 即使很贵也想尝尝。
(9) 即使你说了，他也不会听。

四、听课文做练习

课文一

（情景：彼得和玛丽在准备去承德的旅行。）

彼得：玛丽，听说承德比这儿凉快得多，你应该多带几件衣服。

玛丽：我带了两件T恤，一件<u>短袖 衬衫</u>，你觉得够了吗？

彼得：没带<u>长袖</u>呀？恐怕不行吧。

玛丽：有那么冷吗？现在是8月啊，不用穿长袖。

彼得：可是承德的<u>平均气温</u>比咱们这儿低四五度呢。

玛丽：是吗？怪不得皇帝要去那儿避暑。

彼得：而且那儿晚上比白天冷得多。要是咱们晚上出去的话，穿短袖肯定冷。

玛丽：那好吧，听你的。

彼得：你看我，带了两件长袖呢。

玛丽：可是一共才去三天[1]，带这么多衣服，多麻烦呀！

彼得：T恤只带一件就可以了。你要是觉得行李太沉，我可以帮你拿呀。

玛丽：那我就带一件长袖衬衫，再带一件薄外套，到时候你得帮我拿啊。

彼得：没问题！万一感冒，就不能好好儿玩儿了。

1. 听后判断对错。

(1) ×　　　(2) √　　　(3) ×　　　(4) √　　　(5) ×

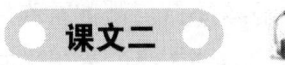

（情景：小王在安娜的宿舍。）

小王：你的宿舍真整齐呀！怎么样？习惯这里的生活了吗？

安娜：别的都还好，就是太干燥。

小王：这里的冬天和春天都很干燥，你应该多喝水。

安娜：有时候喝水也不管用，特别是来暖气以后，更受不了。

小王：是啊，屋子暖和了，可是空气变干了。

安娜：睡觉的时候，鼻子特别不舒服，对皮肤也不好。

小王：我刚来的时候也不习惯，因为我的家乡很湿润，不过现在已经没问题了。

安娜：我宁愿冷一点儿，也不愿意这么干燥。[2]

小王：对了，你们国家在寒带。我跟你不一样，我特别怕冷。

安娜：我们国家也有暖气，可是不知道为什么，没有这么干燥。

小王：你买个加湿器吧，好多中国人都用这个。

安娜：那我今天就去买。

1. 听第一遍后判断对错。

(1) ×　　　(2) √　　　(3) ×　　　(4) √　　　(5) √

课文三 🎧

（情景：大卫跟出租汽车司机聊天儿。）

大卫：师傅，能开开空调吗？

司机：好吧。你还挺怕热。我觉得今天不太热啊。

大卫：呵呵，胖人就是怕热啊。对我来说，今天已经够热的了。[3]

司机：现在就觉得热啦？那到了七八月份，有时候三十五六度呢，你怎么办呀？

大卫：所以我最不喜欢夏天。

司机：其实我也不太喜欢夏天，开车的时候特别晒。

大卫：那你喜欢冬天？

司机：冬天也不喜欢，这儿冬天老下雪，一下雪就堵车。

大卫：是吗？我特喜欢冬天，喜欢下雪。那你喜欢什么季节呀？

司机：春天、秋天都挺喜欢的。不冷不热，春天还有花儿，多好啊。

大卫：可是这儿的春天经常刮大风，到处都是沙尘。

司机：嘿嘿，刮风天在车里没事，打车的人还特多。

大卫：我们国家春天从来没有这么大的风，今年春天第一次遇到，真受不了。

1. 听第一遍后判断正误。

(1) √   (2) ×   (3) ×   (4) ×

课文四 🎧

（情景：木村跟李玉聊天儿。）

李玉：这学期结束以后你是回国还是留在中国？

木村：公司说，如果我愿意的话，可以留在中国工作，有两个地方可以选择。

李玉：哪两个地方？

木村：广州和长春。

李玉：嗬，一南一北啊！那你想去哪儿工作？

木村：还没决定呢。主要看哪儿的气候好。这两个城市的气候怎么样？

李玉：最大的差别就是气温，广州的天气比长春热多了。

木村：这我知道。我上网查过，广州的年平均气温是22度左右，长春还不到5度。

李玉：你是北海道人，可能还是去长春比较合适吧？
木村：就是因为我一直住在北方，所以很想换个气候不一样的地方试试。
李玉：那你去广州不就行了？还犹豫什么？
木村：我有点儿担心自己不能适应这么大的变化。
李玉：广州的夏天又湿又热，很多北方人都适应不了。
木村：日本的很多地方夏天都很闷热，这对我来说不是问题。
李玉：那你还是去广州吧。
木村：我担心的不是广州的夏天，而是冬天，听说那儿没有暖气。
李玉：即使没有暖气也不太冷，[4] 而且屋里有空调啊。
木村：还有一个问题，广州人说话我听不懂。
李玉：广州多数人都会说普通话，虽然有点儿口音。再说，在广州的不一定都是广州人。

1. 听第一遍后判断对错。

(1) ×　　　(2) ×　　　(3) √　　　(4) √　　　(5) ×

五、综合练习

1. 听后复述句子。 🎧

(1) 听说承德比这儿凉快得多，你应该多带几件衣服。
(2) 承德的平均气温比咱们这儿低四五度呢。
(3) 你要是觉得行李太沉，我可以帮你拿。
(4) 万一感冒，就不能好好儿玩儿了。
(5) 这里的冬天和春天都很干燥，你应该多喝水。
(6) 有时候喝水也不管用，特别是来暖气以后，更受不了。
(7) 我宁愿冷一点儿，也不愿意这么干燥。
(8) 对我来说，今天已经够热的了。
(9) 这儿冬天老下雪，一下雪就堵车。
(10) 这学期结束以后你是回国还是留在中国？
(11) 最大的差别就是气温，广州的天气比长春热多了。
(12) 我有点儿担心自己不能适应这么大的变化。
(13) 广州的夏天又湿又热，很多北方人都适应不了。

(14) 日本的很多地方夏天都很闷热,这对我来说不是问题。

2. 填出你知道的关于气候和服装的词。

气候	寒冷	炎热	凉快	闷热	暖和
	干燥	凉爽	潮湿	湿润	沙尘
服装	T恤	衬衫	外套	棉袄	羽绒服
	长袖	短袖	西服	裤子	鞋

3. 听后判断是什么季节。

(1) 今天白天阴有小雪,最高气温 3℃。 (冬)

(2) 今天白天晴转阴,午后有小雨,最高气温 17℃。小雨将改变近日的干燥天气,对植物的发芽生长有利。 (春)

(3) 今天夜间多云,风力一二级,最低气温 27℃。 (夏)

六、泛听练习

哈尔滨是中国北方的大城市。那里的冬季很漫长,而且非常寒冷、干燥。1 月份最冷,平均气温只有 –19.6℃,历史上的最低气温是 –42.6℃。哈尔滨的夏季很短,但是并不像很多人想的那么凉快,热的时候有 34℃左右,最高气温到过 37.8℃,不过早晨和晚上比较凉快。春季和秋季都比较短,气温变化非常大,有时冷,有时热,而且常常刮大风。特别是春天,很少下雨或者下雪,但是风特别大,所以空气很干燥。

虽然哈尔滨的冬天很冷,但是很多人喜欢冬泳。参加这个运动,不但要有健康的身体,而且还要很勇敢,因为在零下十几度、二十几度的时候,跳到水里游泳不是一件容易的事。如果不能参加冬泳也没关系,还可以滑冰、滑雪。另外,哈尔滨的冬天还有一个非常受欢迎的活动——看冰灯。可能就是因为这个原因,每年 12 月到第二年 1 月,来哈尔滨旅游的人最多。

1. 听后选择正确答案。

(1) 哪个季节去哈尔滨旅游的人最多? (D)

(2) 哈尔滨的哪个季节最长? (D)

(3) 哈尔滨的最高气温到过多少度? (B)

(4) 哈尔滨 1 月的平均气温是多少度? (C)

录音文本及答案

第十四课　谈计划

三、热身练习

2. 听句子，写出刚学过的生词。

(1) 这几天天气不<u>正常</u>，一会儿冷，一会儿热。

(2) 上了一个星期的班，周末我得<u>睡</u>个<u>懒觉</u>。

(3) 我<u>实在</u>太累了，一上车就睡着了。

(4) 别<u>催</u>我，你越<u>催</u>，我越慢。

(5) 很多孩子平时在学校学习，周末还要去<u>补习</u>班学习。

(6) 你都30了，也该<u>成家</u>了。

(7) 去我家帮忙的事他<u>答应</u>得很<u>痛快</u>。

(8) 嫁给他，你就等着<u>享福</u>吧。

(9) 小王在朋友的<u>婚礼</u>上认识了他现在的女朋友。

(10) 他这<u>辈子</u>没享过什么福。

3. 根据提示，听后复述句子。

(1) 除了家和学校，<u>我几乎哪儿都不认识</u>。

(2) <u>周六晚上我要通宵看电影</u>，看累了再睡觉。

(3) 我得多挣点儿钱，<u>要不以后怎么结婚呀</u>？

(4) 我辛辛苦苦做的菜，<u>你总得尝尝吧</u>？

(5) 你也该成个家了，<u>不能像以前那样花钱大手大脚的了</u>。

(6) 12点了，没有地铁了，<u>我只好坐出租车回来了</u>。

(7) <u>大学毕业后大家各奔东西</u>，见面的机会就少了。

4. 听后选择正确答案。

(1) 女：刚来中国的时候，你会说汉语吗？
　　男：我什么都不会说。
　　问：刚来中国的时候，男的会说汉语吗？　　　　　　　　　　　　(D)

(2) 女：王冬，你都多长时间没参加我们每周六的聚会了？
    男：我实在太忙了，跟大家一起喝酒聊天儿的滋味都快忘了。
    问：王冬多长时间没参加朋友的聚会了？　　　　　　　　　　　　　　　(D)

(3) 女：小王，这次国庆节休假你有什么打算？
    男：我要好好儿放松放松，看电影、玩儿游戏、吃大餐，然后再去逛逛街。
    问：关于小王要做的事情，对话中没有提到的是——　　　　　　　　　(B)

(4) 女：我们这儿有酸的、甜的、咸的、辣的，什么风味的菜都有。
    男：哪个辣，我要哪个。
    问：他喜欢吃什么味道的菜？　　　　　　　　　　　　　　　　　　　(C)

(5) 男：安娜，明天跟我一起去参加我朋友大卫的生日晚会吧。
    女：哎呀，我已经安排好了，明天下午去买东西，再说我也不认识你的朋友啊。
    问：下面哪种说法不正确？　　　　　　　　　　　　　　　　　　　　(D)

(6) 女：小王，听说你要去上海，是去旅行吗？
    男：不是。我去上海开会，开完会，顺便在上海逛逛，看看朋友。
    问：小王为什么去上海？　　　　　　　　　　　　　　　　　　　　　(B)

四、听课文做练习

课文一

（情景：高考结束后，王南在校园看见了李菲。）

王南：高考终于结束了，我可以过正常人的生活啦！
李菲：哎，王南，你知道咱们班今天聚餐的那个餐厅吗？
王南：知道呀，咱们一起去吧。
李菲：太好了。高中这三年我除了学校和家，几乎哪儿都没去过。[1]
王南：太遗憾了。不过今天考完了，你可以好好儿逛逛街了。现在好玩的地方可多了。
李菲：那当然。我还要给自己买漂亮的衣服，把头发留长，让自己变成美女。王南，这个假期你有什么计划吗？
王南：我呀，今天晚上就通宵上网、玩儿游戏，其他事情以后再说。
李菲：我可得先好好儿睡几天，补补觉，实在太困了。过去这一年，我每天5点多起床，晚上12点睡觉，睡懒觉是什么滋味，都快忘了。

14 谈计划

王南：高考前我就想好了，这个假期，我要好好儿放松一下，先把我想看的电影都看完，然后再去旅行。你要是感兴趣，我们可以一起去。

李菲：恐怕不行，下星期我就要开始学车了，我妈已经给我报名了。

王南：那学完车你有什么安排？总得玩儿玩儿吧？

李菲：学完车，我要跟爸爸一起去云南看我爷爷、奶奶，顺便在云南玩儿玩儿。

王南：我听说咱们班很多同学还打算报名参加英语补习班呢，你打算报名吗？

李菲：我还没想好呢。我要跟妈妈学学做家务什么的，要不以后怎么一个人生活呀？[2] 我报的可是外地的大学。

王南：嗨，车到山前必有路，[3] 别想那么多了，今天先痛痛快快地跟同学们聚聚吧，以后就各奔东西了。

李菲：是啊。咱们赶紧走吧。

1. 听第一遍后判断对错。

(1) √ (2) √ (3) × (4) √ (5) × (6) ×

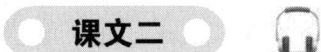
课文二

（情景：小李和邻居张阿姨在一起聊天儿。）

张阿姨：小李，听说你买了新房子了，在什么地方？

小　李：在城南，离我们单位挺远的。那儿的房子不是便宜点儿嘛。

张阿姨：你买房是不是打算结婚？

小　李：不是。我现在连女朋友还没有呢。

张阿姨：是吗？别着急，到时候我给你介绍一个。哎，你工作三年了吧？

小　李：已经四年了。我妈老催我结婚，要不我还不买房子呢。

张阿姨：时间过得真快呀。你是得抓紧时间成个家了。你结了婚，你妈就放心了。

小　李：我已经计划好了，今年买房，明年谈恋爱，后年结婚，大后年要个孩子。

张阿姨：所以从现在开始你得努力工作，多挣点儿钱。不能像以前那样花钱大手大脚的了。

小　李：是啊。我今年要参加高级会计师考试，明年看看能不能换一家公司，多挣点儿钱，为以后结婚作准备。

张阿姨：我真羡慕你们年轻人，想干什么就干什么。[4]

小　李：我还羡慕您呢，您的孩子都上大学了，您以后就等着享福吧。

张阿姨：你说得也对。我现在只希望将来儿子能找到一个好工作，早点儿成个家。反正我也快退休了，等儿子有了孩子，我们老两口就帮着带孙子。

小　李：您不是还喜欢跳舞吗？

张阿姨：是啊。等我退休了，就天天去公园跳舞；天气好的时候，再跟老伴儿去没去过的地方转转，这辈子我也就满足了。

小　李：您这么一说，我都想退休了。

1. 听后连线。

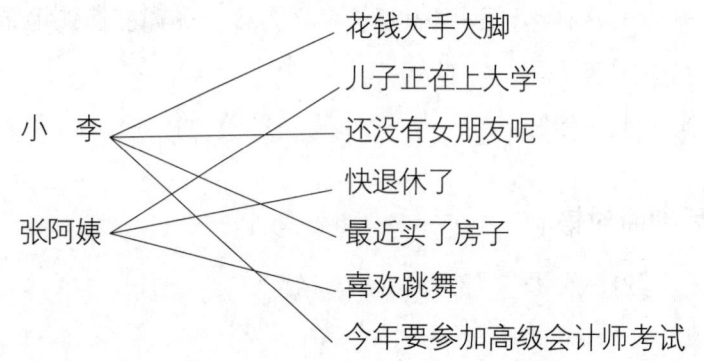

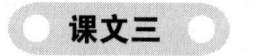

（情景：小王给小刘打电话。）

小王：喂，刘丽吗？

小刘：是啊。

小王：我是王冬。咱们好久没见了，国庆节休假，来我家聚聚吧。

小刘：不行啊。

小王：你是不是打算回青岛去看你妈妈呀？

小刘：这回不用了，我已经把我妈妈接到北京来住了。我订好了机票，打算带我妈妈去杭州旅行。我妈妈喜欢那儿的丝绸，还喜欢那儿的茶叶。

小王：杭州离苏州那么近，你们不去玩儿玩儿吗？

小刘：去呀，我们还要去上海呢。你们国庆节休息几天呀？

小王：我10月1号上班，2号到5号休息。

小刘：没办法，你们当医生的就是忙。你"十一"打算怎么过呀？

小王：2号，我得去参加一个同事的婚礼；3号，咱们大学同学要来我家聚聚，大家一起吃个饭。

小刘：你会做饭吗？

小王：做饭有什么难的？再说还有我女朋友帮我呢。我们准备请大家吃火锅，这样我们不会太累。

小刘：你这主意还不错。那4号、5号呢？

小王：我本来想4号去爬爬山，运动运动，可是我女朋友非让我陪她去逛街，买衣服。

小刘：你让她跟你一起去爬山不就行了吗？

小王：她最讨厌爬山了，而且她说我平时就没时间陪她逛商场，所以这次一定得陪她去，我只好答应了。

小刘：那你5号去爬山也行啊。

小王：算了。5号我想在家看看书，好好儿休息一下。这次你不能来聚会，真遗憾。那祝你和你妈妈旅途愉快！

小刘：谢谢！以后多联系啊。

小王：好的。再见！

1. 听第一遍后判断对错。

(1) × (2) √ (3) × (4) √ (5) √

五、综合练习

1. 听后判断哪些是有关计划、安排的句子。 🎧

(1) 我刚到中国的时候谁都不认识。　　　　　　　　　　　　　　　(×)
(2) 这个假期你有什么计划吗？　　　　　　　　　　　　　　　　　(√)
(3) 下星期我就开始学车，学完车就去云南看爷爷奶奶。　　　　　　(√)
(4) 他现在连女朋友还没有呢。　　　　　　　　　　　　　　　　　(×)
(5) 我妈老催我结婚，要不我还不买房子呢。　　　　　　　　　　　(×)
(6) 今天晚上你有什么安排吗？　　　　　　　　　　　　　　　　　(√)
(7) 找工作的事着什么急呀？车到山前必有路嘛。　　　　　　　　　(×)
(8) 你这个周末打算怎么过呀？　　　　　　　　　　　　　　　　　(√)
(9) 祝你们旅途愉快。　　　　　　　　　　　　　　　　　　　　　(×)
(10) 你不能像以前那样花钱大手大脚的了。　　　　　　　　　　　(×)

六、泛听练习

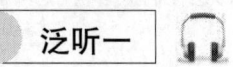

我本来跟同学丽丽说好了周六一起去逛街,可是她单位有事,不能休息了。只有我一个人逛街多没意思啊,算了,周六还是睡懒觉吧!就这样,周六睡到9点半,起床以后先刷牙、洗脸,之后就坐在沙发上享受我周五晚上买的蛋糕。然后听着音乐看了会儿书。下午没什么事可做,就去附近的市场转了转,买了两盆花。周日是打算去看表妹的,给她打了电话之后,才知道她已经去逛街了,算了,去不了了。真是计划赶不上变化。正想着怎么过呢,一个朋友打电话来,说她刚从老家回来,带了很多好吃的,让我过去呢。结果我在她那儿大吃大喝,玩儿到下午5点才回家。虽然周末没有按照计划度过,可是过得很开心。

我叫张阳。这几年因为工作压力大,心情不好的时候就买些零食吃,结果体重从原来的110斤涨到了130多斤。以前的衣服已经穿不下了,心情糟糕极了。所以自己上网查了一下减肥的方法,给自己做了一个从周一到周三的减肥食谱:每天早上吃半根香蕉,一个煮鸡蛋,一片烤面包,喝一杯茶水。中午吃两片咸饼干,一片奶酪,一杯茶水。晚上吃两根热狗肠,一些蔬菜,10粒葡萄,再喝半杯茶水。周四到周日正常吃饭。按照这个计划,我坚持了两个月,体重减掉了25斤。现在我的心情好多了。

2. 听后填表。

张阳的减肥食谱				
早餐	半根香蕉	一个煮鸡蛋	一片烤面包	一杯茶水
午餐	两片咸饼干	一片奶酪	一杯茶水	
晚餐	两根热狗肠	一些蔬菜	10粒葡萄	半杯茶水

录音文本及答案

第十五课　工作　职业

三、热身练习

2. 听句子，写出刚学过的生词。

(1) 我们的<u>领导</u>一点儿架子也没有。

(2) 我听到一个特别好的<u>消息</u>。

(3) 他最近特别<u>烦</u>，因为他没有<u>通过</u>考试。

(4) 我们都很<u>尊重</u>他。

(5) 这句话我不明白，请你帮我<u>翻译</u>一下。

(6) 我喜欢一边吃饭一边听<u>音乐</u>。

(7) 他穿这件衣服特别<u>体面</u>。

3. 用本课生词回答问题。

参考答案：

(1) 辞职了。　　　(2) 架子大。　　　(3) 电影很无聊。

(4) 研究生。　　　(5) 很挑剔。　　　(6) 很理想。

(7) 后悔买了。

4. 听句子，判断对错。

(1) 他觉得这个工作很无聊。

(2) 他不喜欢这个职业。

(3) 他当翻译以后后悔了。

(4) 他没有通过考试，所以不能当律师。

(5) 他心里特别烦。

(6) 他已经大学毕业了。

(7) 她常常这个也不喜欢，那个也不喜欢。

(8) 他从学校辞职了。

(1) √　　　(2) √　　　(3) ×　　　(4) ×
(5) √　　　(6) ×　　　(7) √　　　(8) √

5. 根据提示，听后复述对话。

(1) A：你怎么还不睡觉？
    B：我现在还不能睡，得写完作业才行。

(2) A：咱们走那条近路吧。
    B：那条路虽然近，可是不好走。

(3) A：太远了吧？能看见吗？
    B：没问题，看得见。

(4) A：现在上课！
    B：上课了，别说话了。

(5) A：他今天怎么这么高兴呀？
    B：他通过了一家大公司的面试。

(6) A：那个男孩儿为什么不喜欢她？
    B：因为她太挑剔了。

四、听课文做练习

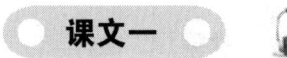

（情景：玛丽听说小王辞职了。）

玛丽：听说你辞职了，不是才工作半年吗？跟领导闹矛盾了？

小王：没有，我们领导挺好的，一点儿架子也没有。

玛丽：工资太低了？

小王：也不是。工资是找工作的时候就知道的。

玛丽：那为什么呀？

小王：我也说不清楚，主要是这个工作有点儿无聊，自己没有发展。

玛丽：哦，你想做能发挥自己能力的工作。

小王：反正希望能在工作中提高自己的水平。

玛丽：找好新的工作了吗？

小王：还没有，现在正在找呢。

玛丽：那你干吗现在就辞职啊？一边工作一边找多好啊！

小王：是啊，大家都说要"骑驴找马"。我妈看见我天天在家，也老说我，烦死了。

1. 听第一遍后判断对错。

  (1) √   (2) ×   (3) ×   (4) ×   (5) √

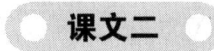

（情景：小王一直没找到新的工作，大卫来看他。）

大卫：小王，好久没见了，最近怎么样？

小王：唉，别提了，特别烦！

大卫：是不是因为工作？我听玛丽说了，所以来看看你。

小王：是啊，到现在还找不到，[1]挺着急的。让你们担心了，真不好意思。

大卫：别着急，慢慢来。听说刚毕业的研究生都不好找工作呢。[2]

小王：我辞职已经半年了，联系了几家公司，都没有消息。

大卫：连一家都没跟你联系吗？

小王：有三家让我去面试，可是我都没去。

大卫：怎么没去呢？

小王：第一家工资比原来低得多，第二家只是让我接电话，第三家太远了。

大卫：你是不是有点儿挑剔呀？

小王：一点儿也不挑剔啊，这三家公司都不理想嘛。

大卫：你可以先从简单的工作开始，以后再慢慢发展。

小王：真后悔以前那么快就辞职了！

大卫：我觉得可能你的要求有点儿高。

小王：是吗？玛丽也这么说。

1. 听第一遍后判断对错。

  (1) √ (2) × (3) √ (4) × (5) × (6) √

课文三

(情景：安娜和彼得聊职业。)

安娜：你最喜欢什么职业？

彼得：我最喜欢当律师，又体面，工资又高。

安娜：不过，在我们国家，当律师挺难的，得通过很多考试才行。[3]

彼得：我们国家也一样。所以，虽然喜欢这个职业的人很多，但真的当上律师的人很少。

安娜：那你想当律师吗？

彼得：我想试试，所以学完汉语以后，我打算回国学习法律。

安娜：当律师得特别能说才行，我的性格太内向，当不了律师。

彼得：你最理想的职业是什么？

安娜：当老师，我想当汉语老师。

彼得：老师是很受尊重的职业。

安娜：我们国家学汉语的人越来越多，但是汉语老师还不多。

彼得：那汉语老师的工作应该很好找。

安娜：不一定，也得通过考试才行。我要是不能通过考试，就先当翻译。

彼得：其实当翻译也不错啊。

安娜：不过我不是特别喜欢当翻译，这不是我的第一选择。

彼得：你有没有第三选择呀？

安娜：当音乐老师。

彼得：还是当老师啊！

1. 听第一遍后选择正确答案。

　　(1) 当律师有什么好处？　　　　　　　　　　　　　　　　　　　　(B)

　　(2) 安娜为什么说她当不了律师？　　　　　　　　　　　　　　　　(C)

　　(3) 当老师有什么好处？　　　　　　　　　　　　　　　　　　　　(C)

　　(4) 安娜现在的工作是什么？　　　　　　　　　　　　　　　　　　(D)

课文四

（情景：李玉请彼得来家里玩儿。）

李玉：彼得，今天晚上有空儿吗？我请了几个朋友来我家玩儿，你也来吧。

彼得：是不是你父母又不在家呀？

李玉：哈哈，你真聪明！

彼得：你父母做什么工作？怎么老不在家？

李玉：我妈是大夫，晚上经常在医院工作。我爸是一个公司的销售部经理，老出差。

彼得：他们一走，你就高兴了。

李玉：对呀！不过以后我可不想跟他们一样。

彼得：为什么？担心你的孩子也请朋友到家里玩儿？

李玉：不是，我是不想跟他们一样辛苦。

彼得：不过，恐怕没有完全不辛苦的工作吧。

李玉：我找工作的时候，第一个要求就是不能太累。

彼得：第二个要求呢？

李玉：第二个要求是，得轻松才行。

彼得：这不是一样吗？

李玉：第三个要求是想休息的时候就能休息。

彼得：那你就别工作了。[4]

李玉：那样最好！

1. 听第一遍后判断对错。

(1) √　　(2) ×　　(3) ×　　(4) √　　(5) √　　(6) √

五、综合练习

1. 请说出你知道的职业。

参考答案：

(1) 大夫　　(2) 老师　　(3) 律师　　(4) 经理　　(5) 园艺师　　(6) ……

2. 听后复述句子。

(1) 这个工作有点儿无聊，自己没有发展。
(2) 我想做能发挥自己能力的工作。
(3) 我辞职已经半年了，联系了几家公司，都没有消息。
(4) 你可以先从简单的工作开始，以后再慢慢发展。
(5) 当律师又体面，工资又高。
(6) 当律师挺难的，得通过很多考试才行。
(7) 老师是个很受尊重的职业。
(8) 我爸是一个公司的销售部经理，老出差。
(9) 恐怕没有完全不辛苦的工作吧。

六、泛听练习

我找到了理想的工作，当了一名园艺师！对我来说，这真的非常不容易。因为爸爸、妈妈和老师们都觉得园艺师不是好工作，他们希望我以后当老师或者当律师、当大夫，还让我好好儿学习英语。可是，这些我都不喜欢。如果是不喜欢的工作，我就一点儿也不想做。我今年刚开始工作，虽然现在工资不太高，每个月只有两千多块，可是我每天早上起床的时候，想到工作就很高兴。因为我从很小的时候就一直喜欢花和草，但是那时候每天有很多的作业，不能经常和花、草在一起，现在可以了！我想，园艺师也是很重要的工作，而且是受尊重的职业，因为园艺师让我们的城市更漂亮，也让大家的心里更舒服、更轻松！

录音文本及答案

第十六课　交　友

三、热身练习

2. 听句子，写出刚学过的生词。

(1) 我<u>发现</u>你是一个很<u>开朗</u>的人。

(2) 大卫在中国有很多朋友，过得很<u>开心</u>。

(3) 我没去过那个城市，你给我介绍得越<u>具体</u>越好。

(4) 你怎么这么<u>对待</u>你的朋友啊？

(5) 同学有困难的时候，你应该<u>主动</u>帮助他们。

(6) 他什么都好，就是<u>缺少</u>自信。

3. 用本课生词回答问题。

参考答案：

(1) 外向的。　　(2) 内向的。　　(3) 留言。　　(4) 查资料。

(5) 网友。　　　(6) 骗子。　　　(7) 血型。　　(8) 心理医生。

4. 听对话，回答问题。

(1) 女：15路公共汽车还不来，我们恐怕来不及了。
    男：那我们打辆车去不就行了？

(2) 女：听说小王篮球打得很好。
    男：谁说他打得好啊？他打得还没我好呢。

(3) 女：王冬，最近怎么老是看不到你，你忙什么呢？
    男：唉！一方面忙工作，另一方面还得准备考试，真是累死我了。

(4) 女：我们没带雨伞，现在怎么走啊？雨停了再走吧。
    男：等雨停了就没地铁了。

(5) 女：听说A型血的人性格比较内向。
    男：谁说A型血的人内向？我就是A型血，我不是很外向吗？

(6) 女：你还是再给玛丽打个电话吧，万一她没听到你的留言就糟了。

85

男：那好吧。

(7) 女：你不是有小王的地址吗？怎么会找不到他家呢？

男：他给我的地址写得不够具体。

5. 听后复述句子。🎧

(1) 我这次去旅行，发现四川菜比韩国菜更辣。

(2) 小王一定尝到了网上购物的甜头。

(3) 我最喜欢高个子、A型血、爱好运动的男生了。

(4) 把你的邮箱地址和手机号码告诉我，好吗？

(5) 万一你遇到一个大骗子，那就麻烦了。

(6) 因为你缺少自信和安全感，所以你不相信别人。

(7) 他性格开朗，不像我这么内向。

(8) 能不能通过考试主要看你的水平了。

四、听课文做练习

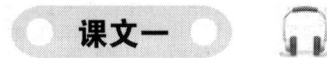

课文一 🎧

（情景：大卫在校园里遇到了他的中国朋友小王。）

小王：大卫，好久没见到你了，你去哪儿了？

大卫：我跟一个中国朋友一起去内蒙古了。我们说好了，下次我放假的时候，我们一起去新疆。

小王：你认识的朋友真不少呀。

大卫：是啊，我这个人性格外向，喜欢交朋友嘛。可我这次去旅行，发现内蒙古人比我更开朗，他们也很热情，所以我的中国朋友更多了。

小王：中国有句话说：多一个朋友多一条路。你听说过吗？

大卫：没有。这是什么意思呀？

小王：这句话是说朋友越多，帮助你的人就越多。

大卫：说得没错。我就尝到了朋友多的甜头，在我遇到困难的时候总会有朋友帮助我，所以我现在过得很开心。学习不忙的时候，我就约朋友们出去玩儿。对了，还记得咱们俩是怎么认识的吗？

小王：当然记得。那天在饭馆里，你过来问我点的菜叫什么名字。
大卫：对。那时我刚来中国，还看不懂菜单呢。后来我们就一起吃了晚饭。直到现在我还常常去那家饭馆吃饭呢。
小王：那附近又开了一家新的饭馆，听说菜做得很好吃，价格也不贵。这个周末我们去尝尝？
大卫：好啊。我现在有这么多朋友，这里又有这么多好吃的菜，我真不愿意回英国去了。
小王：那就在中国再找一个女朋友，以后在中国工作、结婚，不就行了吗？[1]
大卫：好主意。

1. 听第一遍后判断对错。

(1) × (2) √ (3) × (4) √ (5) √ (6) ×

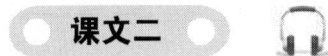

课文二

（情景：小华正在上网，姐姐进来了。）

姐姐：小华，你干吗呢？又在跟网友聊天儿吧？
小华：没有。我正在看一个人的博客。写得太好了！姐，你来看，这是他的资料。
姐姐：（念）王大朋，男，24岁，身高1.83米，血型O型，爱好读书、听音乐、运动和旅游等。
小华：姐，你知道吗？我最喜欢高个子、O型血的男生了。我的性格和这样的人交朋友最合适，而且他的爱好跟我的差不多。
姐姐：那你也不知道这个人是干什么的呀。
小华：那不重要。我要给他留言。
姐姐：等等。小华，你刚20岁，为什么这么着急找男朋友呀？
小华：谁说我要找男朋友啊？[2]做一个普通朋友，先认识一下，不可以吗？
姐姐：可以，可以。反正你在网上认识的人也不是一个两个了。
小华：哎，姐，你看，这儿还有他的照片呢，多帅呀！我要把我的邮箱地址和我的手机号码告诉他，让他跟我联系。
姐姐：小华，给他邮箱地址就行了，电话号码可不能留。万一他是个大骗子，就麻烦了。
小华：我在网上认识那么多人，也没有遇到过骗子呀。

姐姐：等你遇到骗子就晚了。[3]

小华：姐，你怎么不相信别人呀？这世界上还是好人多，再说，这个王大朋一看就不像坏人。

姐姐：反正你还是小心一点儿好。

小华：你放心吧。

1. 听第一遍后判断对错。

(1) × (2) √ (3) × (4) ×
(5) × (6) × (7) √ (8) √

2. 听第二遍后填表。

王大朋的个人资料

姓名	王大朋
性别	男
身高	1.83 米
血型	O 型
爱好	读书、听音乐、运动、旅游等

课文三

（情景：小张在给心理医生打电话。）

小张：喂，您好！您是王医生吗？

医生：是啊。

小张：我是一个大学生，今年 22 岁。我想问您一个问题，可以吗？

医生：当然可以。你有什么问题？

小张：我性格比较内向，我认识的人都不爱跟我说话，这是我的问题还是别人的问题？

医生：你能说得具体一点儿吗？

小张：从上高中开始我就不喜欢跟别人开玩笑，也讨厌别人跟我开玩笑，慢慢地同学们就不跟我开玩笑了，但也很少跟我说话了，到现在也是一样。

医生：你是觉得开玩笑没有意思吗？
小张：不是。我是觉得同学跟我开玩笑常常是在笑话我。
医生：这是因为你缺少自信，缺少安全感，所以不相信你的同学。其实年轻人之间开玩笑是常有的事。我想大部分同学跟你开玩笑是没有恶意的。我想问你，你希望跟同学交朋友吗？
小张：是的。可我性格内向，不像别的同学那么外向、开朗，所以没有朋友。
医生：当然，性格外向可能更容易交朋友，但内向的人也能交到好的朋友，这主要看你怎么对待别人。你要相信同学是友好的。
小张：那我应该怎么做呢？
医生：一方面你应该试着主动跟别人打招呼，别人跟你开玩笑的时候，别生气，用笑脸对待别人的玩笑；另一方面，同学需要帮助的时候，你如果能主动帮助他，就更好了，[4]这样同学们就会知道你愿意跟他们交朋友，他们也会喜欢跟你说话，跟你做朋友了。
小张：我知道怎么做了。谢谢您，王医生。
医生：不客气。以后有什么问题就给我打电话吧。再见。
小张：再见。

2. 听后填空。

参考答案：

医生告诉小张，一方面应该试着<u>主动跟别人打招呼</u>，别人跟他开玩笑的时候，<u>别生气，用笑脸对待别人的玩笑</u>；另一方面，别人需要帮助的时候，他如果能<u>主动帮助他，就更好了</u>。这样同学们就会知道他愿意跟他们交朋友，他们也会喜欢跟他说话，<u>跟他做朋友了</u>。

六、泛听练习

我今年32岁，是一名国家公务员。结婚前，我有不少朋友，主要是大学同学。我们常常一起逛街、吃饭、喝茶。结婚后，我又要工作，又要照顾家，还要带孩子，就很少跟朋友在一起了。那时候我觉得有个爱我的老公和可爱的孩子陪着我就够了。可是上星期发生的事情让我改变了想法。

那是上星期三，我和老公吵架了，我从家里跑了出去。我不知道自己能去哪儿，妈妈家不在这个城市。于是我拿出手机，拨了两个电话，可听到的却是"对不起，没有这个电话号码",这时我才想起来,朋友们以前打电话告诉过我她们换了新号码,可当时我只是随手写在了一张纸上,后来忘了把号码保存到手机里,写着新号码的那张纸也不知哪里去了。没想到,就这样我和朋友断了联系。以前我以为这辈子没有朋友也没什么,但这一次,我感觉自己真的非常需要朋友。

听后判断对错。

(1) √   (2) √   (3) ×   (4) √   (5) ×
(6) √   (7) √   (8) ×   (9) ×   (10) ×

录音文本及答案

第十七课 看房 租房

三、热身练习

2. 用本课生词回答问题。

参考答案：

(1) 中介公司。　　(2) 朝南的。　　(3) 租金。

(4) 三居室。　　(5) 视野好。　　(6) 合租。

(7) ……平米。　　(8) 免费。　　(9) 退押金。

3. 连线，组成动宾短语。

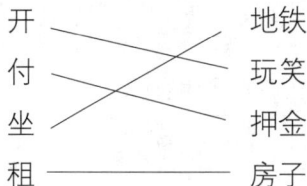

4. 听句子，判断对错。

(1) 我想租一居室的房子，可是这家中介公司只有两居室的。

(2) 朝北的房子租金是每月1200块，朝南的是每月1400块。

(3) 我家在二层，窗户外面除了楼房什么都看不见。

(4) 我跟两个朋友合租了一套三居室的房子。

(5) 我觉得他家的厨房只有两三平米。

(6) 除了租金以外，还要付押金。

(1) √　　(2) ×　　(3) √　　(4) √　　(5) √　　(6) ×

四、听课文做练习

课文一

(情景：安娜跟中介公司的职员一起看房子。)

安娜：这套房子有朝南的房间吗？

91

职员：没有，都是朝北的。

安娜：一点儿阳光也没有，这不行，冬天太冷。

职员：也有朝南的房子，不过租金贵一些。

安娜：贵多少？

职员：贵400块，一个月1900块。

安娜：一居室的每个月1900块，有点儿贵啊。

职员：您可以先看看房子，就在楼上22层。那套房子刚装修完，比这套新多了。

安娜：那先看看吧。

（两人来到22层的房间）

职员：你看，房间里比刚才那套亮多了吧！而且楼层高，视野特别好。

安娜：是啊，挺亮的。哎，怎么没有空调啊？

职员：因为是刚装修好，还没装空调。不过没关系，这房子这么高，夏天一开窗户，风特大，可凉快了。[1]

安娜：别的电器都有吧？

职员：都有，电视、洗衣机、冰箱，还有家具。你拿着行李来就能住。

安娜：我回去跟朋友商量商量再跟你联系吧。

1. 听第一遍后判断对错。

(1) √　　(2) ×　　(3) ×　　(4) ×　　(5) √　　(6) √

3. 听后说出两套房子的差别。

提示：朝向、房费、楼层、视野、装修、空调

课文二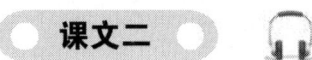

（情景：彼得跟安娜聊天儿。）

彼得：听说前两天你去看房了？不想住在宿舍了？

安娜：住在我隔壁的人老听音乐，声音特别大，我既学习不好，也睡不好觉，所以想去学校外边租房子。

彼得：在外面租房多贵呀，你跟隔壁的人说说，让他小点儿声。

安娜：我说过好几次[2]，跟管理员也说过，不管用。

彼得：你可以换一个宿舍呀。

安娜：我也想过，可是现在没有空宿舍了。能想的办法我都想了。

彼得：哦，那你想合租还是单独租？

安娜：还是单独租吧。如果合租，再来一个喜欢音乐的，我怎么办呀？

彼得：单独租也好，有厨房，可以做饭，以后我就可以去你那儿吃饭了。

安娜：我的厨房可以租给你！

彼得：不开玩笑了。你已经租了吗？

安娜：还没呢。看了两个都不太好，一个朝北，一个太贵。

彼得：再去别的地方看看吧，我陪你去。

安娜：那太好了！

彼得：咱们可以多找几家中介公司。

1. 听第一遍后选择正确答案。

    (1) 安娜为什么不想住在宿舍了？   (C)

    (2) 安娜想怎样租房子？   (B)

    (3) 下面哪一项不是彼得的建议？   (C)

    (4) 单独租房子有什么好处？   (B)

2. 听第二遍后判断对错。

    (1) √   (2) ×   (3) ×   (4) ×   (5) √   (6) √

课文三

（情景：彼得陪安娜一起看房。）

彼得：这也是一居室吗？

职员：对，一居室的房子都是一个客厅、一个卧室，还有一个厨房和卫生间。

安娜：这套房子比较小啊。

职员：45平米，如果一个人住应该够了。

彼得：我觉得大小不重要，不过离学校有点儿远。

安娜：对，这是个问题。特别是冬天的早晨去学校太麻烦了。

职员：这儿离地铁很近，走路10分钟就可以到地铁站。

彼得：可是从这儿到我们学校，中间还得换一次地铁，路上要一个多小时。

安娜：今天我们来的时候就花了一个多小时。

彼得：来回就得花两个半小时。

职员：这房子的租金多便宜呀，在地铁附近的房子真没有这么便宜的。

安娜：租金里包括水费、电费什么的[3]吗？

职员：只包括物业费，不包括水费、电费和燃气费。

彼得：冬天有暖气吗？

职员：当然有，这房子冬天可暖和了。

安娜：租金包括暖气费吗？

职员：这个也不包括。

彼得：这样的话，这房子并不便宜呀。

1. 听第一遍后判断对错。

(1) √   (2) ×   (3) ×   (4) √   (5) ×

课文四

（情景：小王和彼得聊天儿。）

小王：周末去哪儿了？我找了你好几次，你都不在。

彼得：我陪安娜去看房了。

小王：对了，我也听说安娜想租房。怎么样？有喜欢的房子吗？

彼得：周末两天，看了好几套房子，最后觉得有两套还比较好。

小王：租哪一套了？

彼得：还没租呢，安娜挺犹豫的。一套在学校北边，离学校比较远，坐地铁要花40分钟左右。不过她最满意的是可以24小时免费上网。

小王：还有一套呢？

彼得：还有一套在学校东边，很近，坐公共汽车只有两站，骑车也只要10分钟。

小王：哪个房租便宜？还有，房间里的设备怎么样？

彼得：都是一居室，房租差不多。设备也都有，家具、电器什么的，不过北边那套房子挺旧的，冰箱也有点儿脏。

小王：东边的那套房子能上网吗？

彼得：能是能，不过得自己付钱。

小王：如果是我的话，就租北边的。旧点儿、脏点儿都没关系，远点儿也没事。能上网最重要。

彼得：可是安娜喜欢新的，她特别怕脏。

小王：那就东边那套吧。反正不管哪一套，都是安娜住，[4] 应该她自己选择。

1. 听第一遍后判断对错。

   (1) √　　　(2) ×　　　(3) ×　　　(4) ×　　　(5) √　　　(6) √

五、综合练习

3. 听后复述句子。

   (1) 也有朝南的房子，不过租金贵一些。
   (2) 那套房子刚装修完，比这套新多了。
   (3) 我说过好几次，跟服务员也说过，不管用。
   (4) 地铁附近的房子真没有这么便宜的。
   (5) 只包括物业费，不包括水费、电费和燃气费。
   (6) 她最满意的是可以 24 小时免费上网。
   (7) 北边那套房子挺旧的，冰箱也有点儿脏。
   (8) 反正不管哪一套，都是安娜住，应该她自己选择。

六、泛听练习

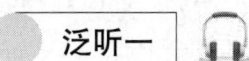

租房以前应该自己去看看房子。看房的时候先要看房子的大小对自己来说是不是合适。还要看房间朝北还是朝南，特别是卧室，如果朝北，冬天一般比较冷。第三要看需要的设备是不是都有，是不是好用。看了房间里边，还要看看外边怎么样。比如，交通是不是方便，离学习、工作的地方远不远，附近有没有商店。如果交通不方便，即使房子的租金很便宜，路上也要花很多的交通费，而且还要花很多的时间。

1. 听后填写看房时应该看哪些方面。

房子里边：第一，房子的大小对自己来说是不是合适　　；
　　　　　第二，房间朝北还是朝南　　　　　　　　　；
　　　　　第三，需要的设备是不是都有，是不是好用　。
房子外边：第一，交通是不是方便　　　　　　　　　　；
　　　　　第二，离学习、工作的地方远不远　　　　　；
　　　　　第三，附近有没有商店　　　　　　　　　　。

2. 听后连线。

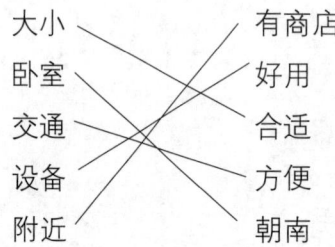

租房信息

　　本公司面向学生出租一居室房屋，包括小客厅、卧室和卫生间。每层楼有两个公共厨房，一层有小卖部。月租金1000元，租金中包括物业费、暖气费和燃气费。水费、电费和电话费自付。房间里有电器和家具，也有电脑，可24小时免费上网，服务员每天打扫房间。租房的同学除了房费以外，每人应付1000元押金。在离开的时候，如果家具、电器没有损坏，就可以退押金。提前退房的时候，不退租金。

录音文本及答案

第十八课　美容　美体

三、热身练习

2. 听句子，写出刚学过的生词。

(1) 他特别喜欢吃<u>豆芽</u>。

(2) 我每个星期都去做<u>美容</u>。

(3) 她做了<u>整容手术</u>，比以前漂亮多了。

(4) 我用的是有补水作用的<u>化妆品</u>。

(5) 如果长时间不运动，身体里的<u>脂肪</u>就越来越多。

(6) 他的病吃了很多药也没好，但是只<u>针灸</u>了几次就好了。

(7) 不要吃太<u>油</u>的东西，对身体不好。

(8) 前几天我病了，没有上课，这个周末要<u>补</u>课。

3. 用本课生词回答问题。

参考答案：

(1) 节食／减肥。　　(2) 很糟糕。　　(3) 效果好。

(4) 明天有测试。　　(5) 干性。　　　(6) 染了。

4. 把意思有关联的词语用线连起来。

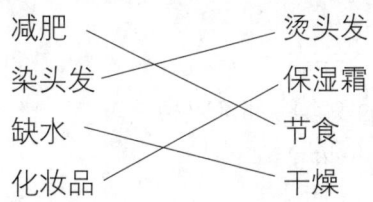

5. 根据提示，听后复述句子。

(1) <u>我今天去做了按摩</u>，现在身体舒服多了。

(2) 他去美国 <u>不是为了学习，而是为了工作</u>。

(3) 其实我来中国的时间不太长，<u>对中国人的生活习惯并不了解</u>。

97

(4) 不管他同意不同意，我 非去不可。

(5) 虽然她已经五十岁了，可是 身材还是非常好。

(6) 这孩子太瘦了， 看上去像豆芽一样。

四、听课文做练习

课文一 🎧

（情景：中田跟老朋友李佳又见面了。）

中田：李佳，好几年没见，你看上去比以前还年轻，皮肤特别好！

李佳：哈哈，还真有效果！我一直在做美容呢。

中田：自己做吗？还是去美容院？

李佳：自己哪会做呀？当然是去美容院。

中田：都做些什么呀？

李佳：先洗脸，然后按摩，还要去角质，最后用面膜。

中田：我的朋友中也有不少人经常做美容，不过我还是不太相信，效果真的这么好吗？

李佳：当然。你看我不是好多了吗？现在我每个星期去一次，不管多忙都非去不可[1]。

中田：听你一说，我也有点儿想试试了。而且现在已经到秋天了，整个秋冬季节我的皮肤都特别干燥。

李佳：下次我去做美容的时候，你也一起去试试吧。

中田：好啊！现在中国的美容院真多，我以前在这儿的时候还很少看到。

李佳：现在经济发展了，人们的生活水平提高了，所以越来越多的人愿意在美容方面花钱了。

中田：是啊，谁都希望自己漂亮。

李佳：不过，去美容院也得小心，并[2]不是所有的美容院都可以相信。

中田：是吗？那我可不能自己随便去，非跟你一起去不可。

李佳：我去的那家没问题！你已经看到我的效果了。

1. 听第一遍后判断对错。

(1) ×   (2) √   (3) ×   (4) √   (5) ×   (6) √

美容 美体 18

课文二

（情景：李佳和中田在美容院。）

美容师：李佳，来啦！这次还不到一个星期呀。

李　佳：我朋友来了，她以前没做过美容，我想早点儿带她来试试。

美容师：你好！第一次做美容呀，先测试一下皮肤吧。来，到这边来。

中　田：怎么样，我的皮肤是不是挺糟糕的？

美容师：没有那么糟糕。不过比较干燥，弹性也有点儿差，你是干性皮肤。

李　佳：她自己也觉得很干燥，特别是秋冬季节。

中　田：我的皮肤是不是缺油啊？

美容师：主要的问题不是缺油，而是缺水。[3]

中　田：有办法改善吗？

美容师：当然可以改善，你别着急。你应该多用补水的化妆品。

中　田：我一直在用保湿霜啊。

美容师：我觉得可能你的方法不太好，应该在洗脸以后皮肤还没完全干的时候用保湿霜。

李　佳：如果等皮肤完全干了再用，就会让皮肤更缺水，因为皮肤里面的水都到保湿霜里去了。

中　田：你懂的真不少。

李　佳：我也是在这儿学的。

美容师：要改善你的皮肤，还应该多做美容。今天给你用这种补水效果好的面膜怎么样？虽然比普通的贵一点儿，但是效果又好又快。

中　田：好的，我希望能快点儿看到效果。

美容师：开始的时候，你可以多来几次，以后每个星期来一次就可以了。

中　田：可是我两个星期以后就回国了。回国以后我打算继续做美容。

1. 听第一遍后判断对错。

(1) √　　(2) √　　(3) ×　　(4) √　　(5) √　　(6) ×

课文三 🎧

（情景：李佳的男朋友小张在宿舍等她。）

小张：你今天去美容院怎么这么长时间？快三个小时了。我等了你半天。

李佳：除了美容以外，我现在又开始减肥了。

小张：什么？在美容院减肥？别人减肥都是运动加节食。

李佳：你不懂了吧，在美容院也有减肥项目啊，这叫"美体"。既要让脸漂亮，也要让身材更美。

小张：美容院怎么可能让身材更美呢？

李佳：当然能啦！用按摩和针灸的方法，可以减少身体里的脂肪，这样就能瘦了。

小张：你今天也按摩和针灸了？

李佳：对啊，所以花了这么长时间。让你久等了，对不起啊。

小张：可是，我还是觉得按摩和针灸不可能减肥。

李佳：美容院的人说了，不用节食就能减肥，如果没有效果就退钱。

小张：我看你跟以前一样，没有瘦啊。

李佳：哪能这么快呢？今天是第一次。

小张：得多少次才有效果呀？

李佳：最少十次。如果效果不好，就再做十次。

小张：我看你一点儿也不胖，干吗要减肥？

李佳：不行，马上就到夏天了，我这样穿裙子不好看。

小张：我觉得你这样挺好，真的不胖。

李佳：反正现在这样不行，我打算最少减六七斤。

小张：如果太瘦，像豆芽一样，[4] 一点儿也不好看。再说，又美容又美体，得花多少钱呀？

李佳：哦，我明白了！你不是觉得我不胖，而是担心我花钱太多了吧？

1. 听第一遍后选择正确答案。 🎧

(1) 以下哪个不是减肥的方法？ (B)

(2) 李佳在美容院除了美容以外，还做了什么项目？ (C)

(3) 李佳开始做美体项目，是希望自己怎么样？ (D)

(4) 李佳打算做多少次美体？ (B)

五、综合练习

1. 听后复述句子，然后模仿完成句子。

(1) 先洗脸，然后按摩，还要去角质，最后用面膜。
(2) 现在我每个星期去一次，不管多忙，都非去不可。
(3) 谁都希望自己漂亮。
(4) 去美容院也得小心，并不是所有的美容院都可以相信。
(5) 主要的问题不是缺油，而是缺水。
(6) 要改善你的皮肤，还应该多做美容。
(7) 除了美容以外，我现在开始减肥了。
(8) 美容院怎么可能让身材更美呢？
(9) 如果没有效果就退钱。
(10) 如果太瘦，像豆芽一样，一点儿也不好看。

六、泛听练习

中田这次来中国，觉得变化很大，特别是到处都有美容院。越来越多的中国年青人喜欢美容、美体，还有美发。美容可以让脸更漂亮，美体能让身材更好看，美发是让头发更美丽。在美容院不但可以做美容，而且还可以按摩和针灸什么的。美容院里非常干净整齐，还有好听的音乐。一边做美容，一边也得到了休息。现在中国染头发的人也不少。老人们不明白：以前头发越黑越好看，可是现在为什么越黄越漂亮？很多年青人的头发都是黄色的。而且，老人们刚开始烫头发，年轻人却又把头发拉直了。

1. 听后连线。

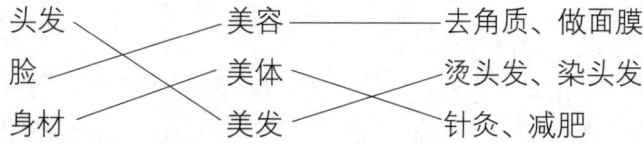

泛听二 🎧

美英的朋友们都觉得她最近有了变化，比以前漂亮了。但是大家还没明白美英是什么地方变了。她的衣服没有变，头发也没有变，可是为什么比以前漂亮了呢？有人问她："你跟以前有点儿不一样，是哪儿变了呢？"美英总是笑着不说话。有一天，她的一个老朋友看着美英说："我知道了，你的眼睛不一样了，比以前大了。"另一个朋友说："对呀，脸也不一样了，比以前小了。"第三个朋友说："我终于明白了，你做了整容手术吧？"美英没有回答。这时候，第四个朋友问："你的鼻子是不是也变了？"美英马上说："鼻子没变，鼻子是我自己的！"

录音文本及答案

第十九课　解决矛盾

三、热身练习

1. 听句子，写出刚学过的生词。🎧

   (1) 别<u>理</u>我，我<u>烦</u>着呢。

   (2) 朋友之间<u>闹</u>矛盾也是正常的事。

   (3) 我又要上班，又要带孩子，<u>总之</u>，我累死了。

   (4) 他能不能原谅你，就看你的道歉有没有<u>诚意</u>了。

   (5) 我当时的心情很难用语言来<u>形容</u>。

   (6) 我已经知道错了，你就别<u>埋怨</u>我了。

2. 用本课生词回答问题。

   参考答案：

   (1) 进入青春期后。　　(2) 成熟了。
   (3) 说服她。　　　　　(4) 自以为是。
   (5) 得加班。　　　　　(6) 发火。
   (7) 愁眉苦脸。　　　　(8) 乱花钱。

3. 听对话，回答问题。

   (1) 女：王冬，咱们都毕业半年了吧？
       男：是啊。自从毕业以来，这还是咱俩第一次见面呢。

   (2) 女：老王，听说你儿子学习成绩很好。
       男：哪儿啊，现在是越来越差。

   (3) 女：现在的孩子越来越难教育了。
       男：可不是嘛！现在家里孩子少，倒难教育了。

   (4) 女：呦，小明，你怎么愁眉苦脸的？
       男：还不是因为篮球比赛输了。

   (5) 女：我有急事找小王，可找不到他，怎么办呀？
       男：这还不简单？我来帮你找他。

103

(6) 男：我让你买蓝的，你偏买黑的，现在后悔了吧？
女：你说这件衣服还能换吗？

4. 听后复述句子。 🎧

(1) 十四五岁的孩子进入了青春期，有逆反心理是正常的。
(2) 我们俩的想法总是不一样，谁也说服不了谁，真让人头疼。
(3) 我听过一个讲座，是关于中国文化的，挺不错的。
(4) 昨天我们俩闹了点儿矛盾，他就不理我了。
(5) 为了表示我的诚意，我请他吃了顿饭。
(6) 现在可以用两个字来形容我的心情，那就是"痛快"。
(7) 我现在真有点儿后悔跟你来爬山了。
(8) 他不但不帮我说话，还埋怨我回家太晚。

四、听课文做练习

课文一 🎧

（情景：老张和同事老李聊天儿。）

老李：哎，老张，你怎么愁眉苦脸的？
老张：还不是因为我那个儿子。
老李：你儿子大明学习不是挺好的吗？
老张：那是在小学。自从他上了中学以来，[1] 学习成绩就不如以前了。我心里急呀。
老李：那你帮他找找原因呀。
老张：原因很清楚，就是不听我的话。我让他做作业，他就是不做，不让他玩儿游戏，他偏[2] 要玩儿。总之，我说什么他都不听，气死我了。
老李：老张啊，你也别生气。大明今年14岁了吧？
老张：已经15岁了。
老李：这么大的孩子进入了青春期，有逆反心理是正常的。他们认为自己长大了，不能事事都听父母的。
老张：他那叫自以为是。
老李：孩子的想法肯定还不成熟，我们做父母的要多了解他们的想法。

老张：我们父子俩的想法总是不一样。谁也说服不了谁，真让人头疼。
老李：对了，我听过一位教授的讲座，是关于家庭教育的，挺好的。在中国教育网上也有，你看看吧。
老张：好，我看看。

（一个星期以后，老张又见到了老李）

老张：老李呀，太谢谢你了！你给我介绍的那个讲座，我看了。
老李：是不是很有帮助？
老张：是啊。那个教授说，家长要多跟孩子聊天儿，要多听，少说，把孩子当朋友看。昨天晚上我没像以前那样，吃完饭就让大明去写作业，我让他休息一会儿，结果他什么也没说，自己就去写作业了。看来这教育方法真的很重要。
老李：可不是嘛！
老张：今天我心情很好，现在刚到中午，我已经把今天的工作都做完了。

1. 听第一遍后判断对错。

(1) ×　　(1) ×　　(3) ×　　(4) √　　(5) ×　　(6) √

课文二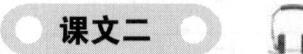

（情景：小李回家时与合租房子的小王谈话。）

小王：我回来了。
小李：小王，今天怎么回来这么晚呀？加班了？
小王：没有。今天我烦死了，下班以后去喝酒了。
小李：什么事让你不开心呀？
小王：前天在公司因为一点儿小事，和同事小陈闹了点儿矛盾，后来她就不理我了。
小李：就是那个跟你关系还不错的陈小姐吗？
小王：对呀，就是她。
小李：你是男人嘛，主动向她道个歉不就行了吗？
小王：是啊。为了表示我的诚意，我还买了一支笔，包装好，送给她，她却说不要。我一听就火了，我对她说：你如果不要，我就把它扔了！
小李：结果呢？
小王：结果她还是没要，我就把那支笔扔了，连招呼也没打就走了。现在只有两个字可以形容我的心情，那就是"郁闷"。

小李：我看呀，这主要是你的不对。

小王：我怎么了？

小李：你的脾气也太坏了。人家刚说不要，你就发火，如果是我，我也不会要了。

小王：事情已经这样了，快帮我想想该怎么办吧。

小李：这还不简单？[3] 再见面的时候，你就热情地跟她打招呼，别再向人家发火了。

小王：这样就行了吗？

小李：我还没说完呢，然后你再请人家吃顿饭，肯定就没事了。

小王：我试试吧。

1. 听第一遍后判断对错。

(1) ×　　(2) √　　(3) ×　　(4) ×　　(5) √　　(6) √

课文三

(情景：下班了，小李跟同事小张谈话。)

小李：小张，下班了，咱们去东方商场逛逛吧，那儿正打折呢。

小张：今天我得早点儿回家。以后再说吧。

小李：怎么了？家里不是有你婆婆给你看着孩子吗？

小张：我现在真有点儿后悔让婆婆来给我们看孩子了。

小李：婆婆不是你请来的吗？

小张：是啊。我当时是想，孩子半岁了，我也该上班了，让婆婆来照顾孩子，我放心嘛。可没想到，在很多事情上，我们的想法都不一样。前天我去逛街，给自己买了一条裙子，还给婆婆买了一件上衣。

小李：你做得对。老人一定很高兴吧？

小张：哪儿啊，[4] 她说我买的衣服太贵了，还说我不会过日子，现在孩子还小，以后用钱的地方多着呢，非让我把她的上衣退了。结果我一生气，把我的裙子也退了。

小李：你老公怎么也不劝劝他妈妈呀？

小张：为这事我还跟我老公吵了一架呢。

小李：怎么回事？

小张：他不但不帮我说话，还埋怨我下班以后不早点儿回家帮婆婆做饭。我又不是天天去逛街。

小李：你老公也是怕他妈妈太累嘛。

小张：对，下次我要想逛街，就让我老公早点儿回家。

小李：对呀。还有啊，你婆婆不希望你乱花钱，也是为你们好。我有一个好主意。

小张：什么好主意呀？

小李：以后你买了衣服呀，就跟婆婆说，商店在打折，很便宜，不就行了吗？

小张：这主意不错。谢谢你了。今天逛商场就算了吧，我得回家了。

小李：快回去吧。明天见。

1. 听第一遍后判断对错。

(1) ×　　(2) √　　(3) √　　(4) ×　　(5) √　　(6) ×

五、综合练习

1. 听后判断哪些是与解决矛盾有关的句子。

(1) 这还不简单？你主动向他道个歉不就行了？

(2) 自从我到中国以来，还没看过一次电影呢。

(3) 要是你们父子俩谁也说服不了谁，就让他妈妈跟孩子聊聊呗。

(4) 我让他写作业，可他偏玩儿游戏，我就把他的游戏机卖了。

(5) 今天我加班，回家晚，您就别等我吃饭了。

(6) 你和你女朋友闹矛盾又不是一次两次了，以前是怎么解决的还怎么解决呗。

(7) 你跟他发什么火呀？别理他不就行了吗？

(8) 为了表示我们的诚意，您可以在收到东西以后再付钱。

(1) √　　(2) ×　　(3) √　　(4) √
(5) ×　　(6) √　　(7) √　　(8) ×

2. 听后找出同意对方观点的句子。

(1) A：小王，听说你太极拳打得可好了。

　　B：哪儿啊，我也是刚刚开始学。

(2) A：你婆婆真是帮了你大忙了。

B：可不是嘛！要没有婆婆帮我，我得累死了。

(3) A：你陪我去逛街，然后我请你吃饭，怎么样？

B：算了吧，我的作业还没写完呢。

(4) A：这么长的假期，咱们应该去旅行。

B：你这主意不错，这样既能了解中国，又能练习汉语。

(5) A：孩子的学习成绩不好，我真不知道该怎么办。

B：对了，我知道一个补习班还不错，你可以让孩子试试。

(6) A：张师傅，您退休了，在家没意思吧？

B：谁说的？我在家种花、养鱼，还天天去公园跳舞呢。

(1) B（×）   (2) B（√）   (3) B（×）
(4) B（√）   (5) B（×）   (6) B（×）

六、泛听练习 🎧

很多夫妻都会吵架，英国女王也不例外。有一次，英国维多利亚女王和丈夫吵了架，丈夫一个人回到卧室，闭门不出。女王回卧室时，只好敲门。

丈夫在里面问："谁？"

维多利亚女王回答："女王。"

没想到里面既不开门，也没有声音。她只好再次敲门。

这时候里面又问："谁？"

维多利亚女王回答："我。"

丈夫还是没有给她开门。她只好再一次敲门。

里面再问："谁？"

这次女王温柔地回答："你的妻子。"

这一次门开了。

1. 听后判断对错。

(1) √   (2) ×   (3) √   (4) √

录音文本及答案

第二十课　文化习俗

三、热身练习

2. 听后回答问题。

(1) 如果你想知道下星期六是几号，你可以看什么？
(2) 中国的属相一共有多少种动物？你知道它们是怎么排列的吗？
(3) 你知道奥林匹克五环旗上的五个环代表什么吗？
(4) 你们国家有礼尚往来的习俗吗？
(5) 在你们国家的文化习俗中有没有吉利的数字或颜色？
(6) 你喜欢用什么装饰你的房间？
(7) 在你们国家，如果你看见一位老人上了公共汽车，你会主动给他让座吗？
(8) 什么样的事会让你很尴尬？
(9) 如果你做错了事，你会主动承认错误吗？
(10) 要消除朋友之间的误会，有什么好方法吗？

3. 听对话，回答问题。

(1) 女：小李，今年的日历上怎么有这么多蛇呀？
　　男：中国有十二个属相，就是用十二种动物代表每一年。

(2) 女：同学们，今天学过的生词都要记住。
　　男：老师，我们一学就是三四十个生词，怎么记得住呀？

(3) 女：现在有手机，有电脑，和家人联系很方便。
　　男：是呀，以后不用总去邮局寄信了。

(4) 女：王冬，你说今天会下雨吗？我想去爬山。
　　男：这可不好说。天气预报说今天没雨，可你看现在天已经阴了。

(5) 女：大卫，上次我帮你选的装饰画送给你朋友以后，他觉得怎么样？
　　男：他别提多高兴了。谢谢你呀。

(6) 女：王冬，我和小王之间有点儿误会，你说怎么办啊？
　　男：这还不简单？你去找他谈谈，跟他说清楚呗。

109

(7) 女：听说中国人送礼物时不能送钟，为什么呀？

男：因为照顾快死的人叫做"送终"，所以送钟多不吉利呀！

(8) 女：我发现中国人很喜欢红色。

男：是啊，因为红色象征喜庆。

四、听课文做练习

（情景：大卫和李玉正在聊天儿。）

大卫：你们中国人很喜欢老鼠，是吗？

李玉：不是呀。谁告诉你的？

大卫：上个星期我的一个中国朋友送给我一本日历，每一页上都画着老鼠，那不是因为你们中国人喜欢老鼠吗？

李玉：你先听我给你讲讲中国人的十二个属相吧。十二属相就是十二种动物，用每种动物代表一年。今年是鼠年，今年出生的人就属鼠，所以你在日历上看到了很多老鼠。

大卫：原来是这样啊。那十二属相都是什么动物呀？

李玉：排在第一位的是鼠，第二位是牛，然后是虎、兔、龙、蛇、马、羊、猴、鸡、狗，最后一个是猪，猪年以后再从鼠开始。

大卫：你一说就是十二个，[1] 我怎么记得住啊？你给我写在本子上吧。

李玉：好啊，你看，十二属相是鼠、牛、虎、兔、龙、蛇、马、羊、猴、鸡、狗和猪。如果你知道了一个人的属相，大概就能算出来他多大了。

大卫：那，请问，你是属什么的呀？

李玉：你想知道我的年龄吧？

大卫：在我们国家是不能问女孩子的年龄的，可你不是刚教了我算年龄的方法吗？

李玉：好，那我就看看你会不会算。告诉你，我属牛。

大卫：今年是鼠年，那你今年可能是十一岁或者二十三岁。

李玉：你真会开玩笑，我可能十一岁吗？ 那你是属什么的呢？

大卫：你真聪明。好，礼尚往来，我也告诉你吧，嗯——，我属猪。可是我一点儿也不像猪啊，猪那么懒。

李玉：你们西方人都喜欢狗吧？
大卫：对。不过我还是更喜欢马，因为我喜欢看赛马。哎，属相中的十二种动物你都喜欢吗？
李玉：除了老鼠和蛇以外，别的动物我都喜欢。
大卫：这么说你也喜欢猪喽？
李玉：那当然。

2. 听后填空，并将下面的12种动物按照十二属相的顺序排列起来。

| 鼠 | 牛 | 虎 | 兔 | 龙 | 蛇 | 马 | 羊 | 猴 | 鸡 | 狗 | 猪 |

课文二

(情景：彼得和他的中国朋友李玉谈话。)

彼得：李玉，我有个中国同事，他春节的时候要结婚，你说我送她什么礼物好呢？
李玉：这还真不好说[2]。因为每个人的喜好都不一样，我最头疼的也是买礼物。
彼得：那你告诉我你们中国人一般不送什么礼物吧。
李玉：我们不送钟，不送梨。
彼得：等一等，你刚才说的是些什么东西？
李玉：钟就是墙上挂的大表。梨你没吃过吗？
彼得：吃过。可是为什么不能送呢？
李玉：因为照顾快死的人叫"送终"，当然这是"终点"的"终"；"梨"和"分离"的"离"发音一样，所以"送钟""送梨"都不吉利。
彼得：我明白了。
李玉：你最好送新婚夫妻成双成对的东西，但中国人不喜欢"4"这个数，千万别送4个。
彼得：是不是因为"4"和"死"的发音差不多？
李玉：没错。对了，我想你可以送朋友一件他们新家里用的装饰品，颜色漂亮点儿就行。
彼得：我听说中国人喜欢红色。
李玉：对呀，红色象征喜庆。别送白的和黑的东西。
彼得：我知道"黑"常常有不好的意思，比如"黑心""黑市""黑车"什么的。
李玉：一年不见，你的汉语水平提高了不少呀。

彼得：还差得远呢。谢谢你给我介绍了这么多，我现在就去逛街，给朋友买礼物。再见。

李玉：再见。

1. 听第一遍后判断对错。

（1） √　　　（2） √　　　（3） ×　　　（4） √　　　（5） ×

课文三 🎧

（情景：小张从法国回来后去找他的法国朋友安娜。）

安娜：小张，你是什么时候从法国回来的？

小张：上个星期。你让我买的奶酪给你带来了。

安娜：太好了！谢谢。你在法国工作这一年怎么样啊？生活还习惯吧？

小张：还可以。只是有一次我坐地铁的时候，看到一位老人上来，就主动给她让座，结果她满脸不高兴地说："我不老。"当时我别提多尴尬了。[3]

安娜：嗨，法国老人都不愿意承认自己年纪大了，不像中国人常说："我已经老了。"

小张：所以后来我也入乡随俗，再也不主动给别人让座位了。[4]

安娜：这就对了。每个国家都有自己的文化习俗嘛。我刚来中国的时候还不是一样？一个中国人说我女儿的皮肤真白，我心里埋怨：这个人怎么这么说话！我女儿真的这么不健康、难看吗？

小张：我想起来了，后来我告诉你，中国人认为女孩儿皮肤白好看，你也就不生气了。

安娜：是啊。了解当地的习俗和文化，不但能消除很多误会，还能更好地和当地人相处。现在中国人问我的年龄，我都不生气了。

小张：你现在也习惯吃中国菜了吧？

安娜：是啊，我差不多天天都吃中国菜，只是有时候还是很想吃法国的奶酪。

小张：这不奇怪，你是法国人嘛。

1. 听第一遍后判断对错。

（1） ×　　　（2） ×　　　（3） √　　　（4） ×　　　（5） √

五、综合练习

1. 听句子，判断对错。 🎧

(1) 在中国人的十二个属相中，牛排在第一位。
(2) 知道一个人的属相，大概就能知道他的年龄。
(3) 送礼物的时候，中国人不会选择钟和梨。
(4) 中国人喜欢红色，因为红色象征喜庆。
(5) 在汉语中"黑"常常有不好的意思。
(6) 在中国，人们喜欢像2、4、6、8这样的数字。
(7) 法国老人常常不愿意承认自己老了。
(8) 法国人很喜欢白白的皮肤。

(1) ×　　　(2) √　　　(3) √　　　(4) √
(5) √　　　(6) ×　　　(7) √　　　(8) ×

六、泛听练习

泛听一 🎧

送礼物真不是一件简单的事情，送礼前一定要了解受礼人是什么人，他有什么爱好，等等。还要了解当地的一些习惯。有一个人去医院看望病人，他想，苹果代表平平安安，送给病人挺合适，于是带去了一袋苹果。可是病人是个上海人，上海人说"苹果"跟"病故"的发音一样，可能你不知道"病故"是什么意思，告诉你吧，就是"因为生病死了"的意思，所以你猜病人看到苹果时会怎么样呢？

泛听二 🎧

大家要听到的是一个有意思的测试，你一定要如实地回答问题，测试结果会让你更了解你自己。一共有三个问题。下面请大家准备好纸和笔，请先听问题，然后把答案写在纸上。准备好了吗？好，现在开始。

1. 请把你听到的四种动物按照你喜欢的程度排列起来：
   • 牛　　　• 羊　　　• 马　　　• 猪

2. 请用形容词在下面每一种东西的后边写出你对它的感觉：
   • 狗_____   • 猫_____   • 老鼠_____   • 海_____
3. 请在下面四种颜色的后边写出一个人的名字，你写的人必须认识你，并且是对你很重要的人。
   • 黄色_____   • 橘红色_____   • 红色_____   • 粉色_____

你已经写好了吗？下面是答案。准备好了没有？

你将会了解你心目中许多重要事件的顺序：

在第一个问题中，牛，代表工作；羊，代表爱情；马，代表家庭；猪，代表金钱。

在第二个问题中，你给狗的形容词就是形容你自己的；你给猫的形容词就是形容你的爱人的；你给老鼠的形容词就是形容你最讨厌的人的；你给海的形容词就是形容你对你自己人生的看法。

在第三个问题中，黄色：这是一位你永远不会忘记的人；橘红色：这是一位可以永远做真正朋友的人；红色：这是一位你真正深爱的人；粉色：这是你不愿意想的人。

请说出你的答案。